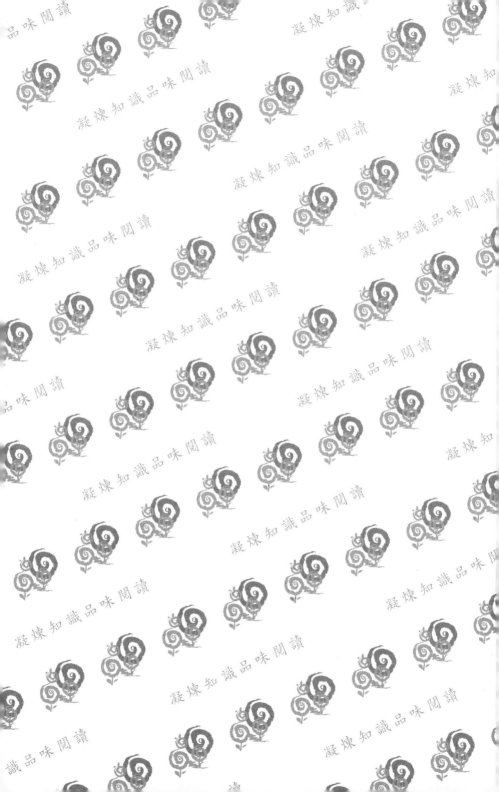

哇！原來哲學真的「無用」！

——當哲學成為社會政治的實踐學問

陳康寧 著

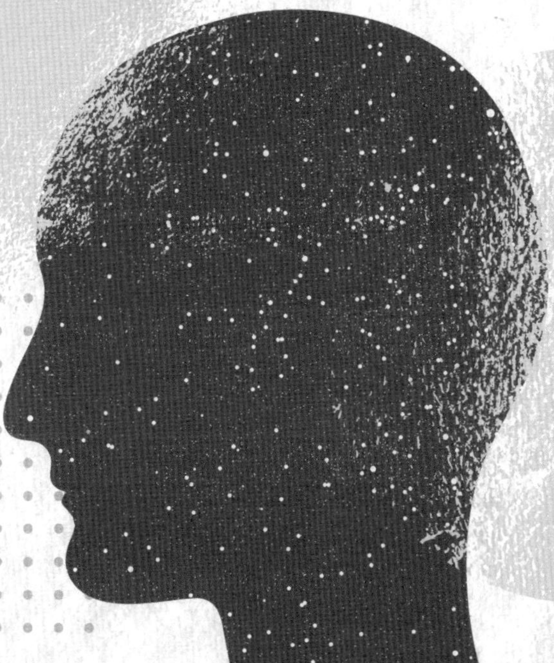

五南圖書出版公司 印行

序言——哲學的人文實踐

知無用而始可與言用矣。——莊子

無用的哲學

在臺灣，「哲學有什麼用？」是很常見的一個質疑，很多人覺得哲學太玄、太抽象，學了也不知道有什麼用。若「有用」是指「實用」，能夠直接帶來實質利益，如利於找工作或升職加薪，那哲學確實是「無用」。然而，哲學的無用恰好可以幫助我們思考，一般人所追求的有用、實用，是否就是人生的唯一？《莊子．逍遙遊》有一則故事很有趣：

有一天，惠子（惠施）跟莊子說，他有一棵大樹，叫做樗，這棵大樹的根部過於臃腫，樹枝又太小而彎曲，無法用來製作任何的家具、器物，可謂毫無用處。接著，惠子毫不客氣地對莊子說：「今子之言，大而無用。」意思是說，莊子的思想言論講得玄奧而不實際，就跟那棵大樹一樣，雖然長得高大卻沒有任何用處。不過，莊子卻告訴惠子，這棵看似無用的大樹，可以種在廣大的曠野，正因為無用，所以不用擔心匠人來砍伐，反而可以長得又高又大，供人休息與乘涼。

莊子提醒了我們，這棵大樹正因爲它的無用才得以形成另一種「用」，若它有用，恐怕早就夭折了，如今不僅可以終其天年，而且茂盛的樹蔭底下還能讓人閒適地散步、乘涼、休息，形成另一種獨特的休閒空間。

莊子的智慧，能夠啟發我們思考哲學的「無用」，恰好因爲哲學是「無用」的，所以不會服務於特定領域、行業，也不會被特定的利益綁架，更不會爲了迎合社會大眾而量身訂製一套知識，這樣反而具有獨立性，可以對我們所處的社會、生活、文化提出深刻的反思，並展開廣闊的視野。

哲學的專業化與社會脫節？

中研院學者錢永祥教授曾在〈哲學與公共文化：臺灣的經驗〉一文區分了三種哲學工作，第一種哲學工作是在學院體制下的哲學研究，包括對哲學經典與學術論文的詮釋、分析、評價，對話與討論的對象以專業領域的學者爲主。第二種哲學工作是追求哲學的眞實生命與眞理，具有「古典」傾向，試圖爲現實人生與社會提供依據、指引與規範，這樣的哲學一方面可以「超越」社會的認知（超出欲望、感官經驗），不爲所限，一方面也能對社會有所啟發，這種意義下的哲學具有獨特的「優先」位置。第三種哲學工作則是內在於社會的脈絡與資源，哲學的思考深受社會的影響，也需要從社會的歷史與文化脈絡中「提煉」出來，但也能對社會做出批判、規範與反思。換言之，哲學與社會是相互影響的。①這三種哲學工作，不是要窮盡所有的哲學工作，而是提供了一個理解哲學工作的方式。由此來看，哲學也能對社會有所貢獻，並非只是象牙塔裡的文字遊戲。不過，問題往往沒有那麼簡單。

中研院王汎森院士曾在二〇一四年到印度參加「哥倫比亞人文計畫」的學術會議，他感覺到太多與會者憂心當代人文學科過於專業化，缺乏對現實人生的關心，以至於與日常生活越來越疏遠。王院

① 參閱錢永祥：〈哲學與公共文化：臺灣的經驗〉，《二十一世紀評論》第一五八期（二〇一六年十二月），頁四—六。

士回憶道：「南亞國家的代表說，在他們國家，哲學幾乎死了，古典語言幾乎沒人懂。在中東世界，包括埃及等國家，許多人認爲對大學的支持是一種浪費，一些傳衍千百年的人文知識逐漸消失，一如生物多樣性的消失。」②很多專精而深入的哲學著作都來自學術研究，若學術研究脫離現實社會太多（香港的廣東話叫做「離地」），那表示哲學也無法對社會產生積極的作用。

這裡帶出了一個值得正視的問題：哲學知識若太過學術化、專業化，涉及的概念過於抽象，則很難爲社會大眾所理解，更不用說能夠產生怎樣的影響。隨著科技產品與網路的普遍化，網紅與意見領袖（Key Opinion Leader，簡稱KOL）對於社會議題的分析、評論，反而更能引起大家的注意，甚至成爲人們吸收資訊與知識的來源。然而，公共知識分子和意見領袖畢竟還是不太一樣，美國政治學教授德雷茲納（Daniel W. Drezner）在《話語權的世紀角力》裡提到，美國的公共知識分子和意見領袖某個程度上都在角力「理念市場」（即有關政策的知識觀點、理念以及決策者與人民對於該知識觀點、理念的市場需求與接受程度）。書中的一個區分是，公共知識分子比較側重批判或糾正知識的扭曲、淺化、不足，或對政策的批判，而意見領袖偏向把某些理念或價值宣揚出去。很多企業會需要

② 王汎森：《天才為何成群地來：知識創造的人文向度》（臺北：允晨文化，二〇一九），頁八。

意見領袖來提供某些價值，以支持企業的理念與政治立場，意見領袖接受贊助，就不斷「推銷」某些理念和價值，其影響比公共知識分子還大。[3]因此，公共知識分子需要對政治與企業保持一定的「距離」，避免有太多的利益關係，而學術環境則恰好提供了一個獨立領域，避免政商界的介入。就此而言，學者應該最符合擔任公共知識分子的條件。

學術體制與社會

然而，德雷茲納指出，美國社會有很多人指控大學體制的量化方法與指標，使得學院「只顧培養出一種推崇晦澀難懂東西的文化，對於有沒有人聽或者是否能發揮什麼效用根本不屑一顧。」[4]在學術體制下，若不發表就沒有學術地位，甚至會被淘汰，因此許多學者都只能投身於同行審查的學術期刊，逐漸就被扼殺了爲廣大群眾寫作的動力。德雷茲納以下這幾段話，發人深省：

③ 參閱德雷茲納著、翁尚均譯：《話語權的世紀角力：從TED、論壇到智庫，公共知識分子及意見領袖面對「思想產業」的理念拉鋸與道德考驗》（臺北：麥田出版，二〇二〇），頁十八－二十一。

④ 德雷茲納著、翁尚均譯：《話語權的世紀角力》，頁一〇八。

學院的專業化會優先考量同行審查的著作，而非其他寫作形式。教授將大部分精力投入自己領域專業期刊的研究、寫作和出版上。任何一位教授，尤其是新進教授，其首要任務是透過享有聲譽且具同行審查制度的管道發表自己的著作。**即使是對受眾具有一定吸引力的學者，也要提醒自己，這會占去原本用於研究的時間**。

大多數的非專業人士面對同行審查的期刊文章仍可說是不得其門而入。一個簡單的事實是，大多數學者都不會、或無法為一般讀者寫作。原因如何尚有爭議。**許多批評家痛批學院文章「膨大、沉悶、笨拙、晦澀、讀起來不暢快並且讓人滿頭霧水」**。某位政治學家在提及如何透過主流媒體進行交流時，建議「使用清晰、乾淨的語言，外加生動豐富的比喻」，並在論證中訴諸「感性內涵」。學術界人士通常會對這種表達方法持懷疑態度，因為它們傳達的訊息會令學者最初的論據走樣。⑤

上述雖然是描述美國的學術現象，但相信在臺灣的學術界也不會太陌生。人文學科與哲學所面臨的危

⑤ 德雷茲納著、翁尚均譯：《話語權的世紀角力》，頁一一九—一二二。粗體為筆者所加。

機，對於有志於學術的人文學者而言，是一個不得不面對的難題。本書的構想，正是對這個難題的初步回應，即探索內在於社會脈絡的哲學思考，能夠爲社會帶來怎樣的積極意義，以及學術能夠爲社會帶來怎樣的啟發與反思。人文學術不應該只是純粹理論而已，而是可以有所實踐。所謂的「實踐」，有很多種方式，不一定侷限在第一線的現場，**若能對社會提出深刻的觀察與洞見，本身就是一種學術實踐**，而透過哲學的洞見來探討社會議題或文化現象，則可以說是一種**哲學的人文實踐**。

「哲普」的意義

近些年來，臺灣也興起了「哲普」的熱潮，除了書籍的出版，也有許多哲學推廣的活動，包括課程、講座、營隊、電視節目、網路文章、Podcast、Youtube等。顧名思義，「哲普」是希望哲學知識能夠更加普及化，因此要用清楚、條理分明、平易近人的語言來表述，若能引人入勝、引發人們的興趣，那就更好，除了避免艱澀的語彙，偶爾還需要加入一些生活例子或社會議題幫助讀者了解。也有學者直接透過哲學的視野來分析、討論、反省特定的社會議題或文化現象，這一類哲學也被稱爲「公共哲學」。「哲普」與「公共哲學」不能畫上等號，但兩者的共同點都是要面向社會大眾，故

「淺顯易懂」是基本的要求。不過，這也會延伸幾個問題，若太過「淺顯」，也會受到專業人士批評爲「不夠哲學」或「不是哲學」，而爲了引起讀者的興趣選擇使用過於活潑、豐富的語言，也容易被批評爲「浮誇」。有鑒於此，要保有一定的知識水準，「深入淺出」才是最關鍵的。也就是說，不能只有「淺出」，還得有「深入」，這也是哲普最不容易的地方。「淺出」不難，但要將「深入」轉化爲「淺出」，才是最大的考驗。

秉持這樣的理念與精神，筆者過去在學術研究之餘，也嘗試撰寫哲普文章，並探討一些社會議題與文化現象，希望可以讓更多人了解哲學能夠如何幫助我們關懷社會。本書收錄了筆者過去撰寫的十五篇文章，這些文章曾發表在網路媒體與公共論壇，依據主題與內容可以分爲「網路與媒體」、「文化與歷史」、「倫理與社會」、「政治哲思」與「面向他者」，這分類不是那麼絕對，彼此會有重疊的內容，不過突顯的重點會不太一樣。之所以特別把「面向他者」獨立出來，那是因爲在當代，「他者」的議題愈顯重要，值得特別的關注。⑥這十五篇文章的主題都不同，篇幅也不一，但部分內

⑥ 筆者曾在學術期刊上發表過「他者」議題的相關研究，本書也希望能將學術知識轉化為普及知識，讓更多人了解學術對社會、生活的啟發。

容會有一些相關性，讀者可以依據自己的興趣來挑選閱讀，不必受限於非得從第一篇開始閱讀不可，這樣的一種彈性閱讀模式，相信也很適合現代讀者。

陳康寧

目次

網路與媒體

這是一個「眼見不一定為憑」、
「有圖未必有真相」的時代……

真相已無關緊要？

——對「後真相」的哲學反思

部分真相或半真半假往往比完全的謊言更陰險。——杭廷頓（Samuel P. Huntington）

二〇一八年九月，日本受到颱風肆虐，幾千名旅客被滯留在關西機場，久久不能離開，其中也包括臺灣旅客。然而，BBS社群平臺卻有消息傳出，中國駐大阪總領事館派車接走中國旅客，這則消息被廣泛傳播後，引起了許多臺灣人民的憤怒——「為何中國可以，臺灣不可以？」大家也都紛紛把矛頭指向駐大阪辦事處處長蘇啟誠，他最終抵受不住輿論壓力而自殺身亡，這則事件在臺灣社會引起軒然大波。

二〇二〇年初爆發新型冠狀病毒（COVID-19）疫情，網路上也出現「臺灣政府因疫情失控，出動坦克鎮壓」、「蔡總統疑似感染肺炎，已送入隔離病房」等各類假新聞。在網路發達的今天，資訊隨手可得，也容易分享轉載，但我們怎麼知道這小小的舉動，不是成為虛假資訊的傳播「幫凶」？二〇一六年六月二十三日，英國公投決定脫歐；幾個月後，川普當選美國總統，這兩起事件震撼了全世界，也被認爲跟社群媒體傳播「真假難辨的假訊息」有關。同年的十一月，《牛津字典》以「後真相」（post-truth）一詞作爲這一年的代表字彙，而這個字彙早在二〇一五年，它的使用量就比過往提高了百分之兩千。可以這麼說，二〇一六年歐美右派崛起的這一年，人類被正式宣告進入「後真相」的時代。

在臺灣，比較熟悉的詞彙是「假新聞」、「假訊息」。依據臺師大大眾傳播研究所陳炳宏教授的說法，假新聞可以區分爲三類：

一、**僞新聞**（**pseudo news**）：刻意讓媒體採訪而提供的新聞資訊，意在營造一個良好的形象，這一類的新聞資訊不見得是錯的，但往往有所偏頗。很多自我行銷的報導，都屬於這一類新聞，而某些媒體爲了賺取利益，還會因應不同的價格而提供不同的報導配套。

二、**錯新聞**（**phony news**）：錯誤的訊息報導，但不是刻意的。這一類新聞通常部分內容真實，但夾雜錯誤的訊息，如報錯日期或地點。

三、**假新聞**（**fake news**）：基於某些利益、意識形態或政治立場而刻意虛構、散播的新聞資訊，意在左右眾人往特定的思考方向或偏向某些政治立場。

假資訊不一定以「新聞」的形式出現，如在通訊軟體流傳的文字、圖片，故廣義一點可稱「假訊息」。不管是「假新聞」還是「假訊息」，之所以不斷被傳播造謠，跟政治的利益和意識形態有很大的關係，廣泛而言，都屬於「後眞相」的範疇。①爲了防止這一類不實的資訊在社群媒體持續擴大傳播，有必要了解「後眞相」的形成原因。麥金泰爾（Lee McIntyre）在《後眞相》一書提出了相當精闢的分析，以下主要以這本書的觀點展開論述。

何謂後真相？

任何的政治選舉、公投，人民的選擇與判斷有賴正確的資訊，一旦接收到不符合事實的資訊，

① 並非所有假新聞或假資訊都跟政治的利益和意識形態直接有關，如一九三八年美國萬聖節發生的「火星人入侵事件」。當時某廣播節目突然報導「有一個巨大的發光物體，看起來像是隕石一般，掉落在新澤西州附近的一個農場」，這則報導造成幾十萬人恐慌，很多人真的以為是火星人要登陸地球。本章主要關注跟政治的利益和意識形態有關的「後真相政治」。

極大可能會產生錯誤的判斷。務求事實應該是很基本的價值，但麥金泰爾卻指出，後眞相最令人擔心的是，即使有科學實驗和數據的佐證，人們還是傾向相信不符合事實的資訊，有人甚至認爲，所有可靠來源的資訊都具有爭議。依據美國FBI的統計，美國的暴力犯罪有在減少，但當時還在競選總統的川普卻宣傳美國的犯罪率正在上升。川普的代言人在接受採訪時，遭到新聞主持人的質疑，他就直接說：「身爲一名政治候選人，我選擇聽從人們的感受，你可以去聽你的理論家的。」這裡揭示了一個問題，當人們的感受與數據不符時，往往傾向相信感受。當然，這樣的「感受」，也極有可能是被「製造」出來的。麥金泰爾認爲，破壞眞相有三種等級，分別是謬誤、刻意忽略和說謊。每個人都會說錯話，但不一定是刻意的，這是謬誤；而不確定是否爲事實、也不願意去查證訊息的正確性，是刻意忽略；說謊則是懷有欺騙的意圖，明知自己所說的不符合事實卻故意捏造。若感受凌駕於事實之上，導致寧願相信自己的感受而忽視事實，或面對事實而睜眼說瞎話，都是對眞相的破壞。

當川普在就職典禮上聲稱，他的得票數是自雷根總統以來最高的（事實上不是）、參加他就職典禮的人數是史上最高的（但華盛頓當天的地鐵乘客量是下降的），算是刻意忽略？還是說謊呢？根據事實查核網站「政治事實」的評估，川普競選的許多發言，有百分之七十都不符合事實，而且民調顯示有近三分之二的選民認爲川普不是一個值得信賴的人，但他最終還是當選了。一個破壞眞相的總統候選人最終當上總統，這也意味著後眞相在政治的影響力不容小歔。後眞相並不意味著眞相不存在，而是**「事實沒有我們的政治觀點來得重要」**。②這會帶來嚴重的後果，如南非總統宣稱，西方向國外輸送能夠治療愛滋病的抗反轉錄病毒藥（management of HIV/AIDS）是政治陰謀，並宣揚大蒜和檸檬汁可以治療愛滋病，結果造成三十多萬人喪命。

歸納以上的討論，麥金泰爾爲「後眞相」下了一個定義：

> 後真相等同是一種意識形態霸權，以此手法來迫使別人相信某樣事情，無論是否存在良好的佐證。③

爲何會出現後真相？

後眞相時代的來臨，跟傳統媒體式微和興起的社群媒體有直接的關係，但更爲根本的原因，卻

② 麥金泰爾著、王惟芬譯：《後真相：真相已無關緊要，我們要如何分辨真假》（臺北：時報出版，二〇一九），頁二十二。
③ 麥金泰爾著、王惟芬譯：《後真相：真相已無關緊要，我們要如何分辨真假》，頁二十三。

是「否認科學」和「認知偏差」。④先談談否認科學。科學講究實證經驗，卻是最直接遭受到後眞相挑戰的領域，尤其是當科學的實驗結果或證據會造成某些企業的利益衝突時，就會引發企業人士的抗議。當然，科學的實驗解釋不一定讓理論成爲事實，而是提供了證據讓我們有很好的理由去相信某個想法。但也因爲如此，反而被人加以「利用」，這些人認爲，科學是一個開放的領域，在某個理論被證明爲**絕對正確**之前，不應該排除其他可能性，包括其他一同競爭的理論也有可能是正確的。在美國，最典型的例子就是「吸菸致癌」和「氣候變遷」的問題。

一九五三年的某一天，各大菸草公司都集合在紐約市的廣場飯店，商討要如何回應一項科學報告，因爲這項科學報告將會對菸草公司帶來極大的衝擊。報告指出，菸草中的焦油跟實驗中小老鼠罹患癌症有關，彷彿宣告了吸菸會致癌。現場有人提議要贊助更多的研究計畫來打擊這一類的科學實驗，他們甚至決定成立菸草業研究委員會，主要的任務在於說服眾人相信：沒有證據證明吸菸會導致肺癌，而那份科學報告的研究，是受到許多科學家質疑的。在二〇〇四年，美國有九百二十八篇科學

---

④ 麥金泰爾還主張，後現代主義（postmodernism）對客觀、普遍真理的質疑，也促進了後真相。然而，這樣的觀點並非沒有爭議，它牽涉到如何理解後現代主義的問題。某些後現代主義的理論，並不是否認客觀、普遍的真理，而是批判很多所謂的真理話語，背後其實充斥權力的意識形態和文化霸權。

論文跟氣候變遷相關，沒有一篇是質疑氣候變遷跟人類活動有關，到了二〇一二年，也僅有百分之〇點一七保持不同的意見。到了二〇一三年，雖然有同行審查的四千篇論文中，有百分之九十七主張全球暖化是由人類活動造成的，但最新的民意調查（針對美國成年人），卻僅有百分之二十七的人相信「幾乎所有的氣候科學家都同意，人類活動是造成氣候變遷的主因」。這樣的一個落差，跟石油公司或化石燃料產業資助的一些研究不無關係，如「哈特蘭研究所」（The Heartland Institute）就質疑人爲因素造成氣候變遷，而受到石化工業贊助的喬治・馬歇爾研究所（George C. Marshall Institute）在二〇一五年關閉之前，還製造過二手菸、酸雨和臭氧層破洞的相反論點。這一類研究團體或組織，都試圖製造出氣候變遷仍沒有「科學共識」或科學界「還沒達成定論」的效應。⑤

這些試圖模糊或扭轉人們對於「吸菸會導致肺癌」和「氣候變遷跟人類活動有關」的「研究」，會在媒體上被報導，很關鍵的一個原因是跟政治有關。許多具有不同政治立場或政黨色彩的媒體，打著「平衡報導」的旗子，開始報導有爭議的「兩面」。如福斯（Fox）新聞認爲，其他媒體都過於「偏左」，爲了達到兩面平衡，他們決定「往右一點」。麥金泰爾指出，若在一些具有高度爭議的議

⑤ 麥金泰爾著、王惟芬譯：《後真相：真相已無關緊要，我們要如何分辨真假》，頁二十九—三十五。

題上，這一類「故事的兩面」報導，可能是合理的，但在科學報導上卻是一場災難，他說：「以『相同時間』來報導一項議題的兩個面向，媒體僅創造出『假平衡』，因爲這時並沒有眞正的兩面，並沒有兩個可信的來源。」⑥

在民主多元的社會裡，每個人或多或少都會有一定的政治立場或政黨傾向，但一旦把政治利益、立場或意識形態看得比事實還重要時，就助長了後眞相，麥金泰爾指出：

在這樣一個派系分明的環境中，許多人不再檢視證據，而是「選邊站」，錯誤資訊可以公開傳播，事實查核反而遭到忽視。選擇那些支持自身立場的事實，然後拒絕與立場相左的事實，這似乎就是創造新的後真相現實的重要成分。⑦

⑥ 麥金泰爾著、王惟芬譯：《後真相：真相已無關緊要，我們要如何分辨真假》，頁七十五。
⑦ 麥金泰爾著、王惟芬譯：《後真相：真相已無關緊要，我們要如何分辨真假》，頁三十八。

認知偏差

依據心理學研究，人類的大腦認知活動經常會出現認知偏差，這也是後眞相的深層根源。依據麥金泰爾，有三種心理事實跟後眞相直接相關：

一、**認知失調**：人的**態度**、**信念**與**行爲**會達成和諧一致，一旦這三者失去平衡關係，特別是發現長久以來所相信的事情是錯誤時，人的心裡就會產生不適感，並且威脅到自我。而爲了要降低這種不適感，可能會導致我們以非理性的方式調整信念，進而讓信念去適應自己的情感。這也解釋了爲何大多數人只願意停留在同溫層裡。

二、**社會一致性**：我們的認知會受到周遭的人影響，在一個群體中，我們的想法也會儘量符合人們的期待。即使是不理性的信念，我們也會儘量說服自己跟他們的想法一致。這現象又稱爲「從眾效應」（bandwagon effect）。

三、**確認偏差**：當人們對某些事情有既定的認知時，就會一而再，再而三地往符合這個認知的方向去思考，不太會反省這個想法有可能是錯誤的。如之前蔡英文總統的博士論文爭議，若你認定該論文一定是「造假」，那就會蒐集各種證據去質疑該論文的來歷；相對的，若你認定該論文並沒有「造假」，那就會提出各種證據證明該論文的來歷是「合法」的。

這三種心理事實，都是認知偏差的來源。我們或許都有類似的經驗，當我們在網路上跟別人討論某個議題時，你拿出證據來說明對方的觀點不合乎事實時，對方不但不改正，反而更加確信自己的想法，甚至認爲你的證據是假的。又或者，某個人自認對於某些議題相當熟悉，也說得頭頭是道，可當你再深入詢問他一些問題時，他的答覆卻是不合事實的。這兩種現象，分別屬於心理上的逆火效應（backfire effect）和達克效應（Dunning-Kruger effect）：

一、**逆火效應**：有心理實驗指出，某些人看到一些證據顯示自己的政治信念是錯誤時，他們不但會拒絕這項證據，還會對自己錯誤的信念加倍地相信，特別是保守派的人比較容易有這方面的傾向。

二、**達克效應**：這種認知偏差主要表現在對自己的認知能力過度自信，以至於忽略了自身的某些盲點。我們對某些事情的看法可能受到直覺的影響，卻以爲來自於清晰的思考能力及對資訊的全面了解。

不管是自由派還是保守派，都有可能受到大腦的認知偏差的影響。一旦我們無法反省到這一點，就很可能在政治上受到某些居心叵測的人操控和利用，特別是在這資訊發達的科技世界，我們都很有可能活在自己的新聞孤島上，只接受自己喜歡的資訊——也就是所謂的「同溫層」。在川普與希拉蕊競選期間，一位從戴雅森學院畢業的川普支持者，用一張英國票箱和一個守衛的合成照片編造了一個故事，標題上寫著「在俄亥俄州的倉庫發現成千上萬張投給柯林頓的假票」，結果有六百萬人分享了這篇文章。⑧

認知偏差不僅會讓人輕易相信網路上不實的謠言，還會被某些政治宣傳手段操縱了自己的想法。納粹宣傳部長約瑟夫．戈培爾（Joseph Goebbels）就是這方面的佼佼者，他說：「當被操縱的人確信自己是按照自己的自由意志行事時，宣傳的效果最佳。」⑨操縱的手段包括提出一些令人難堪的質疑（如歐巴馬不是在美國出生的）、暗示媒體有立場偏見、質疑新聞的正確性等。一旦話題變得不確定性或模糊化，人們就會傾向相信自己先入為主的觀點。麥金泰爾也強調，信仰容易創造出忠誠的擁

⑧ 麥金泰爾著、王惟芬譯：《後真相：真相已無關緊要，我們要如何分辨真假》，頁九十九。
⑨ 麥金泰爾著、王惟芬譯：《後真相：真相已無關緊要，我們要如何分辨真假》，頁一〇四—一〇五。

護者，要說服人們原本就相信的事情並不會太困難，重點在於能夠「製造」一些機會讓他們「確認」自己的想法是對的。

結語：如何面對後真相？

在這充斥各種混淆是非的資訊時代，對於眞相的捍衛顯得格外重要，特別是受到謠言中傷、抹黑的當事人而言，在事情惡化前應該澄清、指正，不能抱持「事情聽起來荒謬無比，根本不會有人相信」的心態來輕視，否則只會姑息養奸，助長後眞相的歪風。有人造謠、說謊、忽略事實，也得有群眾相信，並且分享轉載相關資訊，才會擴大後眞相的負面影響。然而，這些群眾，不一定都是有心造謠或刻意忽略事實，而是他們誤以爲自己的聽聞就是「事實」。只要有政治對立的政黨或派別，都有可能會犯下這樣的錯誤。

從這個角度來看，政治的惡鬥、謾罵、揶揄、互相指控，都會助長後眞相，特別是當一方覺得自己的心聲沒有被對方聽到，而另一方則覺得對方的想法非常不理性或不講道理時，就有可能爲了擊倒對方而陷入自己的認知偏差卻無所察覺。要眞正看到對方最核心的價值並不容易，有時候我們以爲聽懂了對方的觀點，但達克效應提醒了我們，我們有可能過於高估自己。如果一個人的心聲有被聽見，讓他有被同理的感覺，那他也會變得比較願意傾聽；相對的，若一個人的心裡感到不適或者感到威脅，那他也會變得自我保護，甚至會做出反擊。

這並不是說爲了傾聽和同理，可以犧牲眞相，若對方覺得自己有被充分同理，我們再糾正事實，對方反而會更容易接受，這對於減少後眞相有莫大的幫助。誠如麥金泰爾所說：「心理學研究顯示，當人有不安全感或覺得受到威脅時，他們傾聽的可能性就會降低。」[⑩]當然，若誤以爲自己所看到的是「事實」，急於糾正對方或持強烈的否定態度，不但容易加深衝突，甚至會引發逆火效應。

在後眞相的時代，我們不僅僅需要批判思考，更重要的是後設思考、自我反省的能力。若不能察覺認知偏差的存在，那批判思考有時候只會被用來批判跟我立場相異的觀點，而忽略自身可能有的盲點。麥金泰爾有一段話意味深遠：

> 要將事實問題去政治化是很難的，特別是當我們覺得「對方」荒唐透頂或是冥頑不靈的時候。

⑩ 麥金泰爾著、王惟芬譯：《後真相：真相已無關緊要，我們要如何分辨真假》，頁一四八。

不過體認我們自身也有這樣的傾向或許有所幫助。這裡要學的是，對抗後真相的其中一項重要方法就是從自身內部著手。無論我們偏好自由主義還是保守主義，所有人都有可能導致後真相的那種認知偏差。我們不應假定後真相僅來自於他人，或者是別人的問題造成的。要指出他人不希望看到的真相很容易，但是我們當中有多少人願意以同樣的標準來檢視自己的信念？去質疑那些我們想相信的事情，即使內心深處僅有一小塊在低語著，提醒我們還沒掌握到所有的事實？⑪

換言之，我們要用同樣高標準來檢視自己的信念，並且時時刻刻反省自己所依據的理由是否充分適當，不妨把這樣的後設反思稱爲「後設批判」。眞相是重要的，我們也應該要捍衛眞相，但也需要反省自己是否因爲認知偏差而把未必合乎事實的資訊視爲理所當然的「眞相」。近些年，臺灣社會也開始關注假新聞，並且試圖制定相關法規來抑止假新聞的傳播，也有人提出辨識假新聞的方法，若從最根本的層面來思考，培養後設批判的能力恐怕是更爲關鍵。

⑪ 麥金泰爾著、王惟芬譯：《後真相：真相已無關緊要，我們要如何分辨真假》，頁一四九。

《莊子》與網路生活
——面對網路的嗆聲文化，該如何自處？

夫虛靜恬淡，寂寞無為者，萬物之本也。——莊子

現代生活離不開網路與社交媒體，但不少研究和報導都指出，網路與社交媒體容易帶給人們生活上更多的負面情緒，特別是面對網路上的各種嗆聲、酸語、謾罵，我們該如何自處？

《莊子》作爲重要的古典智慧，其提出的「無爲」恰好對現代人的生活有重要的啟發。《莊子》的「無爲」，並非「無所作爲」，而是「無心而爲」。這裡的「心」是指意圖、目的，「無心而爲」是指不帶有意圖、目的地對周遭事物的回應，這個回應過程即是「順應自然」。「順應自然」的「自然」是一種「自然之理」（在庖丁解牛的寓言裡稱之爲「天理」），針對特定的具體事物，依據事物脈絡給予適宜地回應。我們會被「物」所傷，通常是因爲我們的行爲都帶有強烈的意圖或目的，而意

圖或目的受挫，自然會感到痛苦。故《莊子》強調的「心齋」⑫正是要幫助我們消除內心的意圖、目的、意念。《莊子》並不是鼓勵我們要逃避周遭事物，而是提供一個實踐方法，讓我們在與周遭事物互動、交涉的過程，能夠做到「不自傷」與「不傷物」。

在網路上，面對各種情緒化的謾罵和反嗆，我們會受其影響而有情緒的起伏變化，憤怒、急躁、焦慮等，很大原因是因為我們想要「說服別人」和「證明自己是對的」。「說服別人」本身就帶有強烈的意圖和目的，一旦把這個意圖強加在別人身上，自然會受到很大的反彈，若你再反駁他的看法，通常也會換來更大的反嗆，如此一來一往，既傷了自己，也傷了別人。莊子的「無心而為」並不是要我們不做出任何判斷，更不是要在網路上禁言，而是轉化一種方式來採取行動，不要一開始就帶有「說服別人」的意圖，可以試著進入對方的觀點脈絡，以「邀請」的方式來請對方試著談談看他這樣的觀點有什麼好處、支持的理據以及可能會遭遇的挑戰或難題。這裡並不是要「說服別人」，而是敞開心胸，依循對方的脈絡來思考問題，並從中學習。若我們抱著學習的態度，放下自己強烈的主觀意志，面對各種反嗆的言論，至少可以做到不被所傷。

⑫《莊子・人間世》：「唯道集虛。虛者，心齋也。」

通常我們在網路上，都不是抱著「學習的心態」，而是想要尋找到「證明我的想法是對的」言論、資訊，以及想要「說服別人」。《莊子》的「無爲」，恰好可以幫助我們調整自己的心態，來面對現代生活的網路文化。

文化與歷史

人文創造，源自豐厚的文化土壤

學文言文有用嗎？——從文化的視角反思

人皆知有用之用，而莫知無用之用也。——莊子

二〇一七年，高中國文科課綱的文言文比例爭議，在臺灣各界燃燒。文言文的篇數到底要不要刪除，背後牽涉了各種觀念、立場的角力，其中一個最切實的問題就是：文言文到底有什麼用處？這個問題，跟「課綱文言文篇數要占多少比例」或「文言文是否應該要列爲高中生必修課」並不是完全相同的問題，但卻緊密相關。

支持文言文有用的人，不見得完全反對降低文言文的比例。若把空出來的時間拿去上基本司法課、民主討論課，即便認爲文言文有用的人也可能會支持，因爲重點不在於篇數的多少，而是整個課綱的設計以及教育制度是否能夠提升學生各方面的學習能力。而認爲文言文無用的人，可能不只是主張要降低文言文比例，而是強烈地認爲，文言文不該列爲高中生必修課，因爲他們看不到文言文到底

有什麼用。

有一些支持刪除文言文比例的人，認爲將文言文列爲必修課，是國民黨意識形態下的產物，爲了防止這一類的思想箝制，因此要重新思考課綱。然而，這是文言文乃至於中華文化被政治綁架的問題，不見得是文言文本身的問題。撇除政治的意識形態後，依然有人會質疑文言文何用？因此「有沒有用」這個問題，應該是很關鍵的。

文言文到底有什麼用？這個問題無法用三言兩語來回答，值得深入探討，本章試圖從臺灣社會的文化處境來思考這個問題。

我們想追求什麼「有用」？

在此之前，有必要先釐清「有用」（或用處）到底是指什麼？一般人常說的「用」，是指「實用」、「應用」，也就是能夠在短時間內獲得一定的效益，通常是指金錢、利益或名聲。有時候，「有用」或許跟金錢利益沒有直接相關，但卻是日常生活上的需要，因此也可以稱之爲「有用」。如新聞的報導，除了部分新聞內容可能與大眾的利益切身相關，大多時候人們就算不看新聞，也可以活得好好的。從這一點來看，文言文能夠應用到我們的生活、幫助我們找到工作的機會，眞的是微乎其微，文言文「沒有用」顯然也是一個事實。不過，若以這個標準來看，不只是文言文，除非要成爲專家學者，否則其實很多東西都「沒有用」，如數學的三角函數、愛因斯坦的相對論、化學元素週期表等。然而，這些看似沒有什麼用的理論、概念，其實是成就很多有用事物的基礎，也就是說，它們的用處是體現在長遠性、根本性的方面，慢慢建立能夠醞釀出直接對社會有用、貢獻的土壤。

二〇一六年諾貝爾生理學或醫學獎得主的日本科學家大隅良典認爲，「有用」這個詞正在戕害社會。他擔憂日本科學研究的「空心化」，因爲在「有用」的思維下，大部分人都不願意投入「基礎科學」的領域。他指出，基礎科學的「有用」，必須要等一百年後才看得到效果。不只是科學領域，若其他領域的學科都想要急功近利，要求馬上獲得見效，並且投入大量的資源發展這些應有研究，那麼在未來的數十年，就會面臨基礎土壤的空洞化問題。

文言文的重要性，應該要放到這樣的層面來思考。高中是基礎課程，培養文言文的閱讀能力，或許並不是因爲文言文可以培養道德、古文情懷或文言文簡潔優美，這些固然重要，但最根本的理由應該是爲了能夠閱讀中國古典文獻。

要建立今日的自我，不可能完全割裂傳統

只是，反對文言文有用的人，可能更為直接地認為中國文化的價值不大，所以就算文言文讓人能閱讀中國古典文獻，也不足以成為「有用」。若把「去中國化」、抵抗「中國元素」的意識考量進來，那麼反對文言文的理由就更加複雜了。我們不妨思考：中國文化的重要性在哪裡？若能夠說明中國文化的價值，那麼承載這些價值的中國古典文獻自然是有價值的。如此一來，學習文言文、栽培更多可以閱讀古代文獻的人，就會成為文言文的重要用處。

臺灣歷經荷西、明鄭、清領、短暫的自治、日治、中華民國，乃至於後來的本土化意識等，這座島嶼的人民在身分認同、文化主體的建立上，可謂迂迴曲折。在統獨的問題上，也不是只有簡單的贊成或反對。若加上西方現代化、原住民歷史、南島文化，臺灣的文化形態是相當多元豐富的。而中國文化，是構成現在臺灣文化的核心要素，若把一切跟中國文化相關的東西都去除，臺灣會剩下什麼呢？

二十世紀七十年代，哲學家殷海光極力推動臺灣的科學與民主，掀起了一股文化論戰。即便是嚮往自由主義的殷海光，還是認為沒有必要全盤西化，且在事實上也不可能做到。他在《中國文化的展

望》裡提到，要推動民主與科學，必須結合傳統的深層文化，如此一來才可以眞正發展出健全的民主制度。清華大學的楊儒賓教授認為，很多國家要發展民主的形式，都不能罔顧自身的傳統文化，如果說傳統的中國文化是構成當今臺灣重要的一環，那麼要改善臺灣的政治模式，恐怕不能不正視中國文化的重要性，也不可能完全複製歐美的模式。

肯定中國文化在臺灣的重要性，不是要在政治意識形態上向中國靠攏，相反的，反而是可以發展出與中國不同的文化形態。一個既有科學知識與民主制度、同時又保有完整的傳統文化，甚至承認其他不同文化的國家，放到世界文明的定位來看，會有值得其他國家借鑑的地方。

身邊的傳統文化，真的可以全部消滅嗎？

在建立臺灣的文化主體上，不能不溯及歷史的發展；要了解過去的歷史，不得不閱讀歷史文籍，而很多第一手歷史資料，都是文言文寫成的。不只是歷史，古文物的修復也是必須要先考證該文物的時代背景、社會文化，乃至於那時候所使用的材質、審美觀，才能下手進行修復。而考證的工作，離不開古代文獻。今天，臺灣依然過傳統的農曆新年、清明節、端午節、中秋節，即便現代人的節日觀念逐漸薄弱，但它始終是臺灣人的生活模式。若有人想要了解我們的生活習俗，是否必須了解這些節日的演變？若然，除了實際考察當代人的生活習俗，其中一個重要的管道就是閱讀古代有記載節日或有關節日說明的文獻。

另外，臺灣近些年積極推動「文創」，然而必須先有「文化」才有創新、創意，否則就淪爲各種形式的拼貼，而深厚文化的累積與培養，恐怕還是離不開古代文獻。中醫的醫術傳承，固然是依賴中醫老師的教導與日常的實踐經驗，但千萬不可忘記，中醫的原理跟整個中國文化的思想、人體觀、宇宙觀息息相關，中醫的經典文獻可都是文言文寫成的。

文言文能帶來的，不是翻譯成白話就好

綜上所述，即便能夠證明：1.中國文化是有價值的、2.中國文化構成臺灣的文化土壤、3.重視中國文化不是向政治的中國靠攏，反對文言文的人可能還是會說，現在已經有很多白話文翻譯的文獻，可以透過這些白話文就能了解過去文化，不一定要透過文言文。若是如此，我們可以進一步提問，別人翻譯、解讀出來的內容，是否就一定正確無誤，不需要再檢視呢？

例如有人想要重建臺灣的主體性，他花了很多時間整理、閱讀古代典籍，然後用白話文寫出了臺灣在不同時期的歷史狀況，他會不會有自己的史觀與立場來進行材料的過濾與篩選？陳述的時候是否可以完整跳脫自己的意識形態？不同的人會有不同的詮釋視角，若懂得文言文的人越來越少，等於把這個文獻詮釋權交給少數的人掌握，這對一個多元文化的社會來說，不會是一件好事。

接著，我們來思考文言文的語言特色。一些人認爲，文言文往往夾帶不少典故，會造成現代人閱讀的障礙與挫折。其實不然，很多文言文是直接了當的。從另一個角度來看，在語言溝通中有所謂的「語氣」，它反映了說話者的情緒、態度，甚至生命情感，這不是「翻譯」後的白話所能完全重現或取代的。

例如《孟子．告子下》的一段話：

> 天將降大任於是人也，必先苦其心志，勞其筋骨，餓其體膚，空乏其身，行拂亂其所為，所以動心忍性，增益其所不能。

在先秦的典籍裡，常常出現類似的排比句式，念起來鏗鏘有力，頗具氣勢。孟子是一個有「英氣」的哲人，他用這樣的排比句式來表達，與他的生命情感是相當契合的。在日積月累的歲月沉澱下，長期閱讀該經典的作者，其實可以慢慢得到一種情感的陶養，這對一個人的生命人格不無影響。我們試著用白話文來翻譯這段話：

天將要把重大任務落到某些人身上，一定先要苦惱他的心意，勞動他的筋骨，飢餓他的腸胃，窮困他的身子，他的每一行為總是不能如意，這樣，便可以擴養他的本心，堅韌他的性情，增加他的能力。（白話翻譯參考楊伯峻的《孟子譯注》再作小部分的調整）

白話翻譯之後，其氣勢與情感就減弱不少。當然，對於文言文不感興趣的人來說，或許會覺得枯燥，對孟子的那一段話完全無感，但這不能否認對於某部分人來說，可以從古代經典文獻的閱讀中得到生命情感的陶冶，甚至在面對人生挫折時能夠有一安身立命的堅守。

文言文的問題，引起了臺灣各界的關注，藉由這個機會，其實我們可以好好平心靜氣溝通，一起來思考臺灣的文化底蘊問題，因為這跟臺灣未來的發展息息相關。

「五四」對我們這一代人有什麼特殊意義？

——談《學衡》與新文化運動留給臺灣的文化省思

自由世界要能振起道德的精神，除了以佛門的慈悲為懷和仲尼的仁照以外，最不可少的就是孟軻的義峙。——殷海光

一九一九年五月四日，發生了中國近代史上的大事——五四運動。

說到五四運動，不能不談新文化運動。一九一五年，陳獨秀創辦了《青年》雜誌，隔年雜誌改名為《新青年》。一九一七年，北京大學校長蔡元培邀請陳獨秀擔任該校的文科學長，自此，《新青年》在新文化的推動上就發揮了極為關鍵的作用。兩年後爆發的五四運動與新文化思潮共同形成了當時的「新文化運動」。雖然不乏反對聲音，但毋庸置疑，它在中國的歷史上具有重大的意義。

陳俊啟教授在〈五四新文化運動的異聲/和聲？——重探《學衡》與新文化運動〉這篇文章中

指出，①我們現在對五四新文化運動的理解，主要是透過當時新文化運動人物的文字與言談來了解，進而形成了一套「五四論述」或「五四神話」。在這樣的一種論述或神話底下，響起了巨大的改革之聲，特別是「政治參與」和「個人解放」兩方面，且展現在社會、經濟、文化等各種議題上。

依據陳俊啟教授，五四運動所觸及的議題包括婦女解放、兒童解放、家庭解放、窮人脫離經濟的壓迫、推崇民主、期盼科學等。與此同時，社會上也出現了不同陣營的不同聲音，有彼此對立、同聲相應，亦有同中有異、異中見同。不管是屬於支持還是反對新文化的陣營，基本上都延續了晚清受到西洋船堅炮利的震撼後，設法在變化萬千、動盪不安的時代中，重新尋找一種能夠安身立命的理想文化形態。如陳俊啟教授所觀察的，當時許多知識分子秉持著傳統文化所賦予的使命，共同的目的都是爲了解救中國的危機，但在過程中，不同陣營的人會採取不同的路途、方法與策略來回應時代的問題。

---

① 陳俊啟：〈五四新文化運動的異聲／和聲？——重探《學衡》與新文化運動〉，《東海中文學報》第三十二期（二〇一六年十二月），頁二十五—五十四。

跳脫二元對立的窠臼

一般來說，新文化運動的知識分子，帶著鮮明的東西文化二元分判眼光，他們認爲西方的近代文明代表進步、光明、理性；而中國傳統代表著落後、黑暗、非理性的盲動和偏執，中國要追求進步，務必要接受西方文明、同時揚棄中國傳統，甚至只有放棄中國傳統才能重建中國文化。在這意義下，新文化運動的人物很大一部分是林毓生所說的「全盤反傳統主義」（totalistic anti-traditionalism），而那些捍衛傳統價值、批評西方文化的知識分子，很自然就會被冠以「文化保守主義」。這一陣營的主要人物有嚴復、林紓，以及以《甲寅》雜誌爲主要發聲管道的章士釗等。

然而，陳俊啟教授指出，一旦建立起這種涇渭分明的二元對立的框架，反而失去了客觀公允看待肯定傳統文化者的眼光，往往把他們歸到「反對陣營」，並且以負面的角度看待他們，尤其是以《學衡》爲主的「學衡派」。依陳俊啟教授的整理，這一派的人物有梅光迪、吳宓、胡先驌、陳寅恪、湯用彤等，他們大多都是西洋文學或比較文學出身，有留外經驗，特別是受到哈佛大學的古典主義薰陶。更有意思的是，他們很多都是「新人文主義」代表白璧德（Irving Babbitt）的學生，而白璧德相當推崇阿諾德（Matthew Arnold）的文化觀。依據學者沈松僑的歸納，阿諾德認爲文化是謀求個人內在之完善，並且以道德發展與希臘道德哲學來反對物質文明的享樂，他主張文學能夠批評、涵養人生，使得智識、情感、美感都能均衡發展，從而能夠自我實現，甚至可以進一步促成社會融洽。

很顯然，阿諾德對文化有一幅理想的圖像，這也影響了白璧德對古希臘羅馬文化傳統的重視。值得一提的是，五四運動的其中一個口號是「打倒孔家店」，而白璧德則認爲孔子思想與亞里斯多德的人文精神相契合，他甚至認爲孔子的思想優於西方的人文主義。在這樣的一種文化薰陶下，「學衡派」一方面接受西學、強調創新，一方面對於傳統文化還是持肯定的態度。因此，與其說學衡派是基於文化保守的意識形態而與新文化運動唱反調，不如說是爲了因應時代的困境，而不斷從傳統與西學的交織過程來反思、吸納、轉化出新的思想。

其中，吳宓自己在《日記》所說的爲學精神，値得注意。他說：「吾絕不能爲一黨派一潮流所溺附、所牽絆。」又說：「絕不爲一學派、一教宗、一科門、一時代所束縛、所迷惑。」從這裡已經看出他對於自身是否落入特定立場的意識形態有高度的自覺與反省。

直接挪用西方的弊病

歷史學者余英時先生指出，西方「歷史演進一元論」在五四時期傳入中國，當時有一種論調認爲：西方的歷史演進，已經從上古演進到近、現代，而中國依然停留在中古時代。有鑒於此，爲了彌補中國還少了「近代」的缺，新文化運動、自由主義的代表人物胡適則高度禮讚五四運動，甚至宣揚爲「中國的文藝復興」。

胡適將五四運動理解爲文藝復興，是基於思潮、文化和藝術面而言。但共產分子卻認爲文藝復興太溫和了，啟蒙運動才能達到政治革命的效果，因此一九三六年後，共產黨基於政治目的下，主張五四運動爲中國的啟蒙運動。余英時先生對這兩者都不同意。他認爲這種比附的思考，等於把歐洲歷史好幾個世紀的發展，同時擠進二十世紀初的中國，這是極爲荒謬的，而且當時引介到中國的思想，有各式各樣的觀念和價值，並非只有文藝復興和啟蒙的觀念而已。②

新文化運動爲了更快速地趨西追新，往往很快就直接挪用自當時西方正流行的浪漫主義、寫實

② 余英時：〈文藝復興乎？啟蒙運動乎？——一個史學家對五四運動的反思〉，收錄於《五四新論：既非文藝復興，亦非啟蒙運動》（臺北：聯經出版，一九九九），頁一—三十三。

主義，在文學上，更是受到當時興起的意象派、未來派、立體派的影響，而這些作品在古典主義者看來，都是不登大雅之堂的二流作品。也就是說，新文化運動所引進的所謂西方思潮，同時也正受到西方其他新古典主義、新人文主義的批判。

而且西方思潮的各個「主義」，其興起都有背後複雜的脈絡，「學衡派」的知識分子憂心很多新文化運動的推動者，一來傳統學問不夠厚實，對中國傳統的脈絡也不甚了解，二來對西方思潮的理解也不見得透徹，貿然全盤接收，很容易產生更大的問題。因此，在這樣一種時代變遷、文化交疊的大環境下，「學衡派」的知識分子不囿於一種意識形態，面對傳統文化，即使抱持高度肯定的態度，但也會省思傳統文化的弊病，對於不好的思想觀念加以批判和轉化；面對西方思潮，並不是無條件的全盤吸收，他們有很好的西學訓練背景，但也會選擇優良的西方文化作爲他們改造社會的力量，只是對於新文化運動的激進改革以及全然否定傳統的行爲，採取嚴厲的批判。

持平來說，比起新文化運動的推動者來說，「學衡派」的知識分子確實算是比較「保守」，但是比較「保守」不見得就一定是壞事。這裡的「保守」是指對過於激烈的改革與創新，保持更爲審慎、嚴密思考的態度。進一步來說，「學衡派」的知識分子與新文化運動的知識分子，既有異聲，也有和聲；同樣的，與較爲頑固的「文化保守主義」也會同中有異，因此不能一概而論。

臺灣面對的各方文化勢力

五四與新文化運動雖然已經事過境遷，但從深層的文化底蘊來說，其實正以不同的形態影響著臺灣的輿論，當然背後也參雜了各種意識形態。從列四書爲高中國文課必選，到降低高中國文科課綱的文言文比例，乃至文白之爭以及後來大學是否要廢除大一國文課等，都反映了國人對臺灣的文化主體的想像和期待：到底是中華文化，還是歐美爲主的現代化思潮？當然，也有所謂的本土文化，但除了原住民文化，「道地」的本土文化到底是什麼？更深一層的挖掘，會發現裡面有太多的中華文化以及西方現代性思潮參雜其中。對傳統思想、古文帶有銳利的批判者，往往都是深受西方思潮影響的自由主義、現代文學的作家或研究者。

然而，去除政治意識形態之後，在多元的思潮底下，不會只有截然二分的正反陣營，當中也有很多沿襲《學衡》立場，以審視眼光看待傳統中華文化以及西方思潮，在當代的格局中不斷反思文化與生命、社會的關係，不囿於特定的立場、派別或思想形態，而是從中尋找時代的文化意義。

五四揭示給我們這一代人的，不應該只是表面的進步、改革、創新的意義，而是啟發我們，一個社會的發展，本身就會出現各種不同的聲音，而正是因爲有不同的聲音共同唱起多元複調，才是眞正推動社會發展邁向進步、創新、光明的關鍵因素。

倫理與社會

有時候帶給我們困擾的，
正是賴以生存的倫理道德

在死生遭逢的醫病現場，哲學可以帶來怎樣的思考？

——談醫學倫理

人在生死之間有種個人的旋律，在有生之年，我們要演奏它，雖然總有一天曲終人散，餘韻猶存。——余德慧

牽動人心的生死抉擇

一九六三年，十七歲的王曉民因為一起車禍而成為植物人。安樂死在臺灣並不合法，二十年之後，長期照顧她的父親因為過度疲累而病倒了，母親也因為中風而無法下床。年邁的母親因為擔心自己離逝後沒有人照顧王曉民，曾多次寫信到總統府要求准許王曉民安樂死，卻屢遭駁回。雙親過世後，王曉民被送到了安養院，躺了快半個世紀的她，最終在二〇一〇年離開人世。臺灣知名作家瓊瑤的丈夫平鑫濤罹患失智症多年，二〇一六年因為跌倒、中風而在醫院療護。平鑫濤曾寫信告知自己的子女，即使自己病危了，也不要透過插管和醫療器具來維持生命。原本想要遵從丈夫意願的瓊瑤，卻

遭到繼子女的反對而產生各種糾紛，原因是因爲繼子女覺得父親還沒有到「病危」的時候。二〇一八年六月，罹患癌症末期的臺灣前電視主播傅達仁，在瑞士透過協助自殺組織「尊嚴」（Dignitas）的幫助下，結束了自己的生命。①

上述這三起事件，都牽涉到「善終」和「臨終」的問題。爲了讓生命更有尊嚴地離開，如何讓病患善終以及提供更多的臨終關懷，就成爲了醫學倫理（medical ethics）的一個重要議題。臺灣目前有《安寧緩和醫療條例》，末期病人可以拒絕心肺復甦術以及只能延長死亡時間的維生醫療，但是適用對象不包括植物人、極重度失智等的病患。不過，在二〇一九年上路的《病人自主權利法》，除了適用對象範圍變廣之外，也給予了病患更大的自主空間。《天下雜誌》第六四九期整理了《安寧緩和醫療條例》和《病人自主權利法》的對比差異，如下表所示：

① 值得注意的是，「尊嚴」組織強調他們不是進行安樂死，安樂死在瑞士並不合法，他們是提供協助自殺（assisted suicide）或稱為陪伴自殺（accompanied suicide），也就是僅提供相關的諮詢和器材，結束生命的動作必須是病患本人在意識清醒的狀態下自己啟動。

比較項目	安寧緩和醫療條例	病人自主權利法
適用對象	僅限末期病人（如癌末、僅剩半年生命）	1. 末期病人 2. 不可逆轉的昏迷狀態 3. 永久植物人狀態 4. 極重度失智 5. 其他經公告的重症
可拒絕的醫療選項	1. 心肺復甦術 2. 無治癒效果、延長瀕死過程的維生醫療	1. 維持生命治療（如心肺復甦術、呼吸器、血液製品、化療或透析、抗生素等） 2. 人工營養及流體餵養（如鼻胃管灌食等）
文件簽署	自己或親屬都能簽「預立安寧緩和醫療暨維生醫療抉擇意願書」	僅能由自己簽署「預立醫療決定」（AD）
事前的醫療諮詢	不需要，可自行填寫	需要，得先經過法定的「預立醫療照護諮商」（ACP）才能簽署「預立醫療決定」

在簽署「預立醫療決定」之前，必須先經過專業的醫療照護諮商，在這個過程就會牽涉到醫學倫理的許多問題。

倫理學與醫學倫理

隨著科技與醫療技術的進步，逐漸開始有人關注醫療現場所牽涉到的若干倫理問題，甚至重新思考醫療人員與病患之間的關係。關於這方面的探討，都屬於醫學倫理的領域。醫學倫理興起於二十世紀，是一門跨越醫學、科學、哲學、社會、法律、人類學等的學科。在二〇一七年《哲學談，淺淺地》節目裡，有一期的主題是「生命倫理與醫療倫理」，主持人葉浩詢問當天的來賓林雅萍（時任長庚大學人文及社會醫學系副教授）一個問題：身爲哲學訓練的一個學者，究竟可以爲醫療倫理的領域帶來什麼特別的思想資源？這是一個不好回答的問題，傳統的倫理學旨在探討一個倫理的普遍原則，但是在醫療現場，往往不容易找到一體適用的倫理原則。即使某一個倫理原則在哲學上已經獲得強而有力的論證，恐怕也無法直接解決醫療現場所牽涉的各種複雜的關係而帶出來的倫理問題。

一般來看，倫理學可以區分爲三個子領域：規範倫理學（normative ethics）、後設倫理學（metaethics）以及應用倫理學（applied ethics）。簡單來說，規範倫理學是探討行爲對錯的規範依據，而後設倫理學是探討道德語言實質所指到底爲何，如何從語言性質的角度爲道德規範提供進一步的說明。應用倫理學則是探討如何將倫理原則或規範運用到生活上各領域的相關思考，如墮胎、代理孕母、安樂死、死刑等的議題。其中，生命倫理學（bioethics）屬於應用倫理學的一個範疇。應用倫理學與醫學倫理看似有重疊的部分，但兩者依然有區別。應用倫理學旨在透過各領域的倫理情境，找出適用的普遍法則，而後者則必須在各種醫療的抉擇當中，考量病患與家屬的意願、價值信念以及他們所面臨的難題等。換言之，醫學倫理所面對的對象是活生生、有血有肉的「人」。人的感受和心思是複雜的，而倫理和社會文化通常是左右著當事人抉擇的關鍵向度。一般來說，醫學倫理所牽涉的關係網路有病患、家屬、朋友、醫護人員（包括醫生、護理師、醫療機構）和社會，甚至還可能包括社工、宗教人員等。在這多元複雜的關係網路中，哲學訓練和思考到底可以帶來怎樣的啟發意義呢？

遺傳疾病的難題

本章想要藉由美國醫學臨床倫理諮商的開創者李察・詹納（Richard M. Zaner）在《醫院裡的哲學家》這本書中的兩則故事作爲探討的起點，並且在這些故事的基礎上進一步延伸分析所涉及的醫學倫理。

李察・詹納是一位研究現象學的哲學教授，曾在醫院裡擔任「倫理顧問」，期間他的主要工作是「醫療倫理諮詢」。他雖然不喜歡這兩種稱呼（他很難相信哲學學者可以在醫學界有一定的地位，而且他覺得「倫理顧問」給人一種「專家」的感覺），但是一般人都是如此定位他的職稱和工作。詹納曾遇過許多複雜、棘手的醫學倫理的難題，而《醫院裡的哲學家》這本書則收錄了他在面對、處理這些難題過程中所發生的故事。有一次，詹納在去醫院的路上，被研究基因的江森醫生攔住了。原來江森醫生遇到了一個醫學上的難題。②江森醫生告訴詹納，目前的技術已經可以找到囊狀纖維變性（cystic fibrosis）的致病基因，而他們的醫學中心最近在精子銀行進行篩檢時，發現有一組呈現陽性反應的精子，而該組精子已經送去人工授精，目前確定有四個成功受孕的個案。在這四個個案裡，有一個寶寶已經出生了，有一個寶寶則即將在一個月後出生，另外兩個至少還有半年以上的時間才會出生。面對寶寶可能罹患囊狀纖維變性的問題，前兩個個案沒有太多的選擇，而後兩個個案還能選擇人工流產（墮胎）的方式。詹納原本也不知道囊狀纖維變性是怎樣的一個疾病，之後看了江森醫生提供的資料後，才稍微了解到這個疾病。囊狀纖維變性是一種遺傳疾病，會有潛伏期，可能要好幾年後才會發病，甚至傳到好幾代後才發病。罹患這種疾病的人，肺部常常會因為感染而住院，也會導致消

② 這則故事請參閱詹納著、譚家瑜譯：《醫院裡的哲學家》（臺北：心靈工坊，二〇〇一），頁一七一－一九五。

化不良，因此病童有可能會出現發育遲緩、體重過輕的現象，目前還沒有完全治癒的方法。要眞正確定嬰兒是否罹患囊狀纖維變性的疾病，必須親自爲懷孕的媽媽做篩檢。遇到這樣的情況，詹納建議江森醫生務必告知懷孕的媽媽，而且他擔心的一個問題是，假若這些父母當中，其中父方或母方拒絕篩檢的話，寶寶還是很有可能罹患囊狀纖維變性，並且極可能繼續延續到下一代。問題是，若確定寶寶眞的罹患了這種疾病，是否要選擇墮胎？選擇人工授精的父母，大部分都是不容易或無法自然懷孕但又相當渴望有一個孩子，通常他們對墮胎會有強烈的反感，而墮胎之後還得面對接下來的心理煎熬和骨肉分離的創傷。

類似的問題也出現在瑪麗和吉姆的案例上。瑪麗懷疑吉姆的家族有一種致命的遺傳病——舞蹈症（huntington's chorea）。原來，瑪麗嫁到吉姆家後，她從鄰居的閒聊中得知吉姆的爺爺、某位伯父和堂哥是在一種特殊情況下逝世的，她追問婆家的人，但發現大家都不太願意談論這件事情。當時的瑪麗已經懷孕了，她的態度相當明確，若證實胎兒患有舞蹈症，她會選擇墮胎，因爲她覺得把帶有先天性遺傳疾病的孩子帶到人世間，且可能還會把遺傳病繼續傳給後代子孫，這對孩子是非常不公平的事情。要了解吉姆一家的遺傳關聯，除了瑪麗本人必須接受檢查之外，吉姆和他的家人也必須接受檢查。然而，吉姆卻拒絕跟瑪麗討論這件事情，甚至責備她怎麼把他的家人也牽涉進來，他要求她不要再繼續打擾他的家人。瑪麗不放棄，繼續詢問她婆家的成員，結果大家都不太願意談論這個話題。

當瑪麗向詹納諮詢這方面的問題時，已經顯得心力交瘁。後來瑪麗執意自己先檢查，詹納擔心這會加深她與吉姆之間的衝突，勸她稍安毋急，可以多等幾天再檢查，但是性急的瑪麗還是決定安排次日篩檢。不料，篩檢結果是呈現陽性反應，但吉姆卻始終不肯討論這個問題。最後，瑪麗堅持墮胎，沒多久，他們兩人就離婚了。在這個案例裡，令詹納不得不思考的是，基因篩檢的技術，雖然是醫學上的突破，但也帶來了倫理抉擇上的難題。一方面，拒絕接受檢查或結果的人，很可能把問題留給別人，因爲將來一定得要面對疾病帶來的若干問題。若勉強生下基因缺陷的孩子，該孩子將來還得面臨是否要繼續生下一代的痛苦抉擇，問題是，若選擇墮胎，是否又等於剝奪了孩子的生存權和選擇的自由？另外，要求吉姆和他的家人接受檢查，是否侵犯到他們的個人自決權和隱私權呢？一旦證實罹患舞蹈症的遺傳基因，就等於公開了自己的身分，往往也容易被社會「汙名化」，保險公司和雇主會想要利用這方面的資訊。而長期接受治療和篩檢的費用，也會是另一層負擔。但是，若吉姆和他的家人不接受檢查，等於是不願意面對他伴侶以及後代可能迎接更多問題的未來，這是否也意味著他的伴侶和子女在沒有選擇的情況下被迫接受各種決定呢？

上述的各種思考，不管抉擇如何，我們都必須顧及到身邊的人，因爲生命本身就是一種關係的存在，在這層關係裡，每個人都有該承擔的責任：生活在今天，每個人都必須顧及自身與其他個體之間的關聯，因為他們可能擁有與我們相同或類似的遺傳特質及背景。每個人也都會與某些人建立一些複雜的人際關係，而這些關係也要承擔某些重要的道義責任，瑪麗就是承擔了一種決定性的道義責任。我們都是透過交友、戀愛、合作、聯誼，以及共同文化來與他人建立關係的，這些關係只有在我們面臨道德困境時才會遭到忽視，瑪麗正是經歷了這樣的困境；毫無疑問地，吉姆也在墮胎和離婚之後遇到了相同的困境。③

從瑪麗和吉姆的事件來看，醫學倫理不存在用簡單的普遍原則就可以解套的問題。醫學上的各種抉擇，不會僅僅只是個人的自由選擇而已，還必須顧及到該抉擇是否會牽連到其他人，這也是遺傳基因科技的突破迫使人類必須面對新的選擇和責任。

當病人與家屬無法溝通的時候

向詹納諮詢的病人當中，歐老太太是一個七十歲的病患，她的三名子女已經成年，丈夫則是一

③ 詹納著、譚家瑜譯：《醫院裡的哲學家》，頁一九四。

個敦厚善良的人。④歐老太太罹患了末期腎臟病，同時出現的症狀有血壓過低、週期性氣胸和呼吸衰竭，常常處於神智不清的狀態，而且必須靠呼吸器維生。歐老太太的情況並不樂觀，但是她的家人卻希望她可以康復出院，為了與她的家人溝通，詹納在倫理委員會召開特別會商之前，先跟歐老先生和他女兒珍妮絲談談。聊過之後，詹納得知，家屬目前的處境是，假設歐老太太可以出院，就表示他們得馬上承擔照顧工作；若把她留在醫院，則表示他們要把照顧責任交到別人手中，他們一方面深感愧疚難過，一方面又擔心將來後悔做了現在的選擇。⑤隔天召開特別會商時，歐老先生和珍妮絲有反映他們的問題和顧慮，經過討論後，大家覺得有兩個選擇：第一個選擇是繼續給予歐老太太洗腎、使用呼吸器等相關的治療，若沒有任何的感染和併發症，應該可以再活半年，但不感染和不發生併發症的可能性很低，而且這選擇也只是延長病人的死亡時間和家屬的傷心時間而已；第二個選擇是允許醫生拿掉維生系統，讓病人有尊嚴地離開。在討論的過程，有醫師建議可以先停掉洗腎機，剛開始病人可能會感到疼痛或不適，但幾天後就會進入昏迷狀態，在這期間，病人不會感到痛苦，這時候就可以拔

④這則故事請參閱詹納著、譚家瑜譯：《醫院裡的哲學家》，頁八十一—九十八。
⑤詹納著、譚家瑜譯：《醫院裡的哲學家》，頁八十四。

掉呼吸器。最後，家屬也表示同意採取這個選擇。會議結束後，詹納覺得有點不對勁，表面看起來好像大家都很坦白說出自己的想法，但是他覺得有些重要的事情沒有提及。隔天一早，他就去找歐老先生和珍妮絲。

「藍思頓醫生實在不該說那種話的。」⑥在聊天的過程，歐老先生突然說了這麼一句話，他還說道：「昨天開會的時候，我很清楚那些醫生和其他人都說了些什麼，但那樣實在太不公平了。你難道不懂嗎？家，是她的歸宿，她屬於那兒，也希望待在家裡。哼，她才不想住在這種鬼醫院裡呢。我們一定要讓她離開這兒，然後帶她回家。現在，你給我聽著，年輕人，你一定要告訴那醫生，瑪莎一定會好起來，一定可以回家的，我才不管他說什麼……」⑦珍妮絲聽到後，也感到詫異，就低聲叫歐老先生不要說了，誰知卻遭到歐老先生的責備：「妳先別作聲好不好，妳明知道妳媽不喜歡這兒的，根本就不喜歡。這點妳很清楚，妳也曉得我們非帶她回家不可。我們把她留在這兒跟她身上那些鬼機器搞在一塊兒，根本就不對嘛。她都快不能呼吸了，又撐得這麼辛苦。我已經跟她談過，她是這麼告訴

⑥ 詹納著、譚家瑜譯：《醫院裡的哲學家》，頁八十五。
⑦ 詹納著、譚家瑜譯：《醫院裡的哲學家》，頁八十六。

我的。」⑧詹納聽到最後關鍵的一句，就詢問歐老先生是否跟歐老太太討論過這些問題，因爲之前完全沒有聽過他提起，歐老先生猶豫了一會兒，才呑吐地說，他們大概是一個月前談的，那時候歐老太太剛被送來這兒，他最後補了一句：「不過那不重要，我很清楚瑪莎想做什麼、不想做什麼，我知道她想回家。」⑨

歐老先生的一反常態，使得詹納覺得他內心是被什麼事情困住卻不願意透露太多。之後，詹納又再約歐老先生討論，歐老先生才說出他內心的眞實感受，他覺得歐老太太之所以重病入院，完全是他害的，他知道歐老太太身體不太好的時候，還繼續讓她操勞，他後悔當初沒有勸她多休息。事實上，歐老太太相當了解她自己的情況，還數度想要跟歐老先生討論關於死亡和拔掉維生器的問題，但歐老先生坦承他無法跟她談這個話題。歐老先生除了要面對即將失去他的人生伴侶之外，還有一股強烈的罪惡感，他也後悔沒有讓歐老太太說出她內心的想法，說出她希望醫生怎麼做的心聲。當歐老太太停止洗腎一段時間後，出奇地恢復了意識，她很明確說她不希望接受各種治療。事後她更在時而清

⑧ 詹納著、譚家瑜譯：《醫院裡的哲學家》，頁八十六。
⑨ 詹納著、譚家瑜譯：《醫院裡的哲學家》，頁八十七。

醒時而昏迷的狀態表示她這一生過得多姿多采，已經沒有太多的遺憾，她目前最大的希望就是可以跟家人做最後一次的團聚。爲了實現歐老太太的願望，醫院特此辦了一場派對，過去歐老太太都吃得不太好，但那天卻吃得很開心。歐老太太最後的一個遺願，就是可以再見到她的一位遠方好友，在好友到訪的前兩天，歐老太太努力維持清醒，她的好友出現後，她終於和好友共處了幾個小時，好友離開後，歐老太太平靜、祥和地進入睡眠，隔天就離開人世了。

後來詹納才得知，原來歐老太太曾經跟歐老先生提過，她的一個朋友曾經把胃管拔掉，因爲這個朋友不想插著「那根鬼東西」，也不希望拖延死亡時間，他被這個故事嚇壞了，所以在面對歐老太太的問題時，變得既畏縮、內疚又悲傷，無法好好思考。歐老太太的智慧，也啟發了詹納很多的思考：

> 最後，溫柔慈祥的歐老太太為了讓丈夫脫離苦海，並保留自己的尊嚴，毅然決定接受死神的召喚，並說出了這份心願。她能體會丈夫與兒女經歷了何種煎熬，看到丈夫那樣自責，尤其感到心疼；到了最後關頭，甚至還能幫助家人接受她將離開的事實，很有尊嚴地瞑目安息。⑩

⑩ 詹納著、譚家瑜譯：《醫院裡的哲學家》，頁九十四。

事實上，當家屬必須替病患做決定的時候，往往背負著很大的道德壓力，而這種負荷有時候會把人壓得透不過氣來。另外一個問題是，當病人和家屬的意見相左的時候，又或者家屬不想跟病患溝通的時候，家屬其實是有自己的道德顧慮和尺度，其中牽扯最大的就是內疚和良心譴責的問題。然而，在醫病現場，很多的「道德」考量，常常是潛藏在心中而不容易訴說。於是，外人就必須運用各種方式讓他們都可以公開坦承自己的想法。換言之，醫學倫理要思考的，除了要尊重病人的自主決定之外，還要顧及家屬的考量，並且應該要促進病人和家屬的有效溝通。在歐老太太和歐老先生的案例中可知，病人本身的意願是非常重要的，甚至可以說是任何醫療抉擇的第一考量，因此《病人自主權利法》中的「預立醫療決定」是非常重要的簽署文件。

結語

醫學現場是很具體的生死場域，同時也是一片倫理場域，除了醫病關係之外，家屬也是很關鍵的身分。也因為不同的情境、不同的當事者會涉及不同的情況而有不同的道德考量，因此不容易透過抽象的思辯來找到一個普遍適用的原則，能直接套用在任何具體的倫理情境之中。不過，這並不表示傳統倫理學中的各種倫理原則或理論無法提供思考的幫助，它會是一個思考的參照，但不能因此忽略掉具體情境中病患的意願、以病人爲最大利益的醫療考量、病人和家屬的互動以及家屬的想法。一旦把這些要素都放進來考慮的時候，問題就會變得相當複雜。即便如此，透過上述的兩則故事，我們還是可以歸納一下醫學倫理值得思考的一些方向：

一、**病人自主**

當病人面臨醫療抉擇的時候，醫生通常會進行風險評估，之後把各種可能性告訴病人並做出最有利於病人的建議。一般情況下，病人都會聽從醫生專業的建議（當然，若病人堅持不聽從醫生的建議，醫生還是得尊重病人的決定）。但若面對臨終或末期的病人，醫生只能施行無療癒效果或只能延長死亡時間的醫療，這時候病人的意願和選擇就非常關鍵了。這些醫療往往帶給病人肉體上很大的痛苦，有些病人想要有尊嚴地離開，就會拒絕這些侵入性治療（如插管、心肺復甦術等）。除非病人是處於神智不清或尚未澈底了解自己病情的狀況下，否則醫生應該儘量尊重病人的選擇，同時有耐心地與病人溝通。

二、醫生、病人與家屬的關係

人是群體的動物，活在世上，就會有各種情感、人際的牽絆。當面臨重大抉擇時，若不是太迫切需要當下決定，醫生都會建議病人先跟家人好好商討。因爲每個決定，都要承擔相應的代價，而這些代價有時候會影響到家人未來的生活或人生規劃。另一種情況是，當病人處於意識昏迷的狀態，醫生無法得知病人的意願時，通常就會詢問家屬的想法。若病人本身與親人的關係不好，病人不想要親人幫他決定或親人不想要替病人決定，就會增加複雜的程度。就醫學倫理而言，醫護人員都應該將病人與家屬彼此的互動和關係一併納入考量。

三、關懷與同理

正常情況下，當病人知道自己罹患了重大疾病、癌症末期或無法治癒的疾病時，都會受到重大的打擊，無論是病人還是家屬，也都會出現各種情緒的反應。醫護人員除了協助技術性的醫療之外，對病人和家屬的慰問、關懷也是非常重要的。病人可能會對家屬的長期照顧、擔憂、即將面臨失去生活依靠等的原因而感到愧疚，家屬也可能對病人承受重大的病痛、即將離開的事實而感到痛心、驚慌、難以接受等。就醫療程序而言，醫護人員其實不太需要介入病人和家屬之間的情緒和感受，只要按照規定進行技術性的醫療和照顧就好，但這不見得是最好的選擇。醫學倫理重視的，就是如何聆聽病人和家屬的心聲，必要時會陪伴他們度過這段煎熬的日子，也都儘量讓他們說出自己的感受。

四、耐心溝通

一般來說，病人的選擇，都會考慮到自己親朋的感受和建議。若病人和家屬之間出現很大的意見衝突（特別是跟自己的伴侶和孩子），醫護人員會希望病人和家屬都能夠好好溝通。醫生、護理師、社工等不見得有能力促進病人和家屬之間更深入的對話，這時候，醫療照護諮商或倫理委員會就扮演重要的角色。即使要簽署「預立醫療決定」，病人也應該要先好好地跟家屬溝通。在病人和家屬溝通的過程，醫護人員的建議和想法其實會產生很大的影響，有鑒於此，不妨把醫護人員、病人和家屬看成是三方面的重要溝通關係。

在臺灣，《病人自主權利法》一旦落實之後，「病人自主原則」可以說是最爲優先的考量（特別是有簽署「預立醫療決定」文件），病人和家屬內心的眞實感受和道德顧慮，必須如實地被聽到。也因爲如此，如何聆聽病人和家屬內心的眞正心聲、打開他們的心房，並且在這些心聲確保被聽到之後進行詳盡的討論和溝通，就成爲醫學倫理的重要任務。

道德如何分裂了我們的社會？
——好人總是自以為是

著眼不同的道德價值的評價差異，可能完全無法和解。它們或許就是極端不同的社會理想，並且構成對立政黨的道德基礎。——哈特（H.L.A.Hart）

民主的社會對立

一九九二年五月二日，黑人羅德尼・金恩（Rodney King）被四名洛杉磯警察痛打，其傷勢危及生命，後來痛打的錄影畫面流傳到社會，引起社會公憤。然而，事後警方被司法院宣告無罪，引發了爲期六天的社會暴動。暴動的情況造成五十三人被殺害，被縱火的建築物超過七千棟。

在《你只欠我一個道歉》這部電影中，居住在黎巴嫩的兩個主角因爲一件小事而衝突，結果鬧上法庭。隨著劇情的推進，原本的小糾紛卻逐漸擴及到全國，社會衝突的情勢變得一發不可收拾，原來這兩位主角分別是基督徒與巴勒斯坦難民。在上個世紀，黎巴嫩內戰持續了十五年，造成無數傷害，基督徒民兵殺害巴勒斯坦人民，巴勒斯坦民兵也反過來殺害了不少基督徒。即便已經過了數十年，歷史的傷痕依然深刻烙印在人民的身上，甚至反映在日常生活中，只要有一些摩擦，憤怒、敵意、衝突一觸即發。

到了二十一世紀的今天，社會對立（social conflict）是民主社會必須迫切面對的重要議題。社會對立是指社會上不同的團體基於不同的意識形態，而在種族、宗教、政治、經濟等議題上，存在排他性的觀念和立場，致使民主社會的運作受到威脅。若我們無法好好正視社會對立造成的問題，它不但會嚴重衝擊整個民主社會的運作，甚至可能會造成生命的重大傷亡。面對這樣一個問題，道德心理學家海特（Jonathan Haidt）在《好人總是自以爲是》（原書名：*The Righteous Mind: Why Good People Are Divided by Politics and Religion*）這本書裡，提出了他的分析以及回應衝突的方法。

要解決社會對立的問題，首先必須了解社會對立背後的根本原因是什麼。或許我們都有這樣的經驗，在討論一個議題時，發現不管自己用再多的證據、理由去支持自己的論點，對方怎樣都無法聽進去，反而提出一些非常荒謬、不合理的觀點。有時候雙方吵得面紅耳赤，還會使用情緒化的用語，甚至大打出手。也因爲如此，爭辯的雙方（也可能多方）出現激烈情緒的反應時，往往會被視爲阻礙溝通的根源，甚至被認爲是民主進程的絆腳石，因爲我們相信良好的民主運作要建立在理性的溝通基礎上。強調理性的普遍性，反對個人的情緒介入，成爲了我們針砭社會對立的不二法門。

然而，海特反對自啟蒙時代以來，理性掛帥的道德主張，他不認爲道德判斷是理性思考的結果；相反的，他主張道德判斷是「直覺先來，策略推理後到」。⑪也就是說，在遭遇道德事件時，我們是先產生一個道德直覺，由該直覺形成道德判斷後，再尋找理由來支持自己的道德直覺。這也是爲什麼，即使爭辯的雙方都非常願意理性溝通，但無論你提出再好的證據或理由，對方都有可能不認同。這個分歧是因爲當雙方針對某一事件或議題形成不同的道德直覺時，都會各自尋找支持自己道德直覺的證據與理由，進而形成對立的觀點。

部落的道德衝突

值得注意的是，「社會對立」的問題，通常源自同一個社會內的不同團體。從生物演化的觀點

⑪ 海德特著、姚怡平譯：《好人總是自以為是：政治與宗教如何將我們四分五裂》（臺北：大塊文化出版，二〇一五），頁十五。中文譯書將Haidt譯為「海德特」，但本書在正文脈絡一律用「海特」。

來看，人類個體爲了生存，必須與同儕競爭、爭奪資源以及保護自己，因此有人認爲，人類的基因是「自私」的。但另一面，人類爲了抵抗更大的威脅以及製造更適合生存的環境，又必須團結起來（要狩獵大象或山豬，群體合作總是來得容易）。於是，就有各種部落的產生。不同的部落因應不同文化，而發展出來的管理、經營模式有很大的差別，其中又表現在資源分配以及懲罰的制度上。關於這一點，演化心理學家格林（Joshua Greene）有一段精彩的描寫，請讀者們想像一下：

在某個深邃黝暗的森林東方，有個牧民部落在公共牧場上牧羊。這裡的規則很簡單：每户人家獲得相同數量的羊，各家各户派代表參加管理公地的長老會議。長年以來，長老會議做出了許多困難的決定。例如，某户人家養了體型特大的羊，在公地上為自己取用了更多資源。經過一番熱烈辯論，長老會議決定禁止這件事。另一户人家則被逮到毒殺鄰居的羊，為此他們受到嚴厲的懲罰，有些人說罰得太重了，有些人則說罰得太輕。經歷這些挑戰，東方的部落存活了下來，蓬勃發展，其中有些家庭比其他家庭更加興旺。

森林西邊有另一個部落，其中的牧民也共享一個牧場，但是每户人家的羊隻數量是依據該户人數來決定。這裡同樣也有長老會議，也做了許多困難的決定。有個特別會生的家庭有十二個小孩，遠比其他人家都多，有些人抱怨他們從公地耗用了太多資源；另一户人家的成員生了病，六個孩子在一年中就死了五個，有人認為剝奪他們一半以上的財產是雪上加霜，並不公平。儘管有這些挑戰，西方部落也存活了下來，蓬勃發展，某些人家比其他人家更發達。

森林北邊又有另一個部落，這裡沒有公共牧場，每户人家都有一塊用柵欄圍起來的地。這些地的大小與肥沃程度差異很大，部分原因是有些人比較聰明與勤勞，他們用積存下來的財產向較不發達的鄰人買土地。但有些牧民較不發達不是因為不努力，只是因為時運不濟，被疾病奪走了他們的牲畜或孩子。還有一些牧民卻出奇地幸運，他們不是因為特別聰明或勤勞而擁有龐大肥沃的土地，只是因為繼承而富有。在北方這裡，長老會議不太做事，他們只需要確保牧民遵守相互之間的承諾，並尊重彼此的財產權。北方家庭之間財富上的龐大差異是許多紛爭的來源。每年冬天都有一些北方人因為飢寒交迫死去，但大部分家庭還是發達了，其中一些比起另外一些要興盛許多。⑫

⑫ 格林著、高忠義譯：《道德部落：道德爭議無處不在，該如何建立對話、凝聚共識？》（臺北：商周出版，二〇一五），頁十二—十三。

除了森林的東邊、西邊和北邊，南邊也有一個部落，這些不同部落透過不同的文化管理模式，都各自在自己的領地存活下來。然而，某一天，該森林突然來了一把大火，把樹林都燒成灰燼，經過幾場大雨之後，青草開始長出來，原本的森林變成了一片綠意盎然的山丘。四鄰的部落開始紛紛宣稱該山丘是他們的地盤，於是就有了各種的爭議與協調方式。但因爲四鄰的部落有不同的文化背景，於是在相處與協調的過程中出現了各種衝突，甚至造成血腥暴力的鬥爭。然而，格林指出，這些部落的衝突，並非他們沒有道德，反而正是因爲他們有各自的道德觀，才因此產生衝突。他說：

慘烈的衝突存在於新牧場上的部落之間，而且時常相當血腥，他們都是有道德的人，卻以不同的方式來表現道德。他們相互戰鬥，並非因為他們根本上是自私的，而是因為他們對於一個道德社會應該是什麼樣子有不同的看法。雖然他們的學者也有那些歧見，但這不只是學術上的意見不一，每個部落都融入了自己的日常生活，每個部落都有自己的一套道德常識。各部落互相打鬥並非因為不道德，而是因為他們用非常不同的道德觀點看待新牧場上的生活。⑬

⑬ 格林著、高忠義譯：《道德部落：道德爭議無處不在，該如何建立對話、凝聚共識？》，頁十五。

格林指出，人類的道德演化，是爲了促進團體的合作，人的社交圈子是由層層疊疊的團體構成的，這些團體包括村落、宗親、部落、種族、鄰里、城市、州、地區、國家、教會、教派、宗教等。而我們也會比較傾向優待親近、同一團體的人，他把這種心理傾向稱之爲「部落主義」。⑭海特也認爲，人類爲了促使團體合作，大腦會抑制私我的行爲，促進團體感。然而團體感會造成排他性，對於外來團體不同的價值認知，容易產生威脅感和敵意。⑮

人的大腦對某些道德刺激的反應比較敏銳，如小孩受傷、詐騙等。而這些反應，背後有一套道德機制在運作。海特透過認知人類學的「模組化」概念，再結合演化心理學和社會心理學的綜合視角，歸納出六項道德基礎，分別是關懷/傷害（care/harm）、公平/欺騙（fairness/cheating）、自由/壓迫（liberty/oppression）、忠誠/背叛（loyalty/betrayal）、權威/顛覆（authority/subversion）、聖潔/墮落（sancity/degradation）。⑯這六項道德基礎，皆以兩端對立的道德項目

---

⑭ 格林著、高忠義譯：《道德部落：道德爭議無處不在，該如何建立對話、凝聚共識？》，頁六十六—六十七。

⑮ 格林對於道德機制的運作模式之分析雖然跟海特不同，但他認為道德行為是為了促進團體合作，而部落（或團體）之間的爭議則來自不同的道德感受，這都跟海特的想法一致。

⑯ 海德特著、姚怡平譯：《好人總是自以為是：政治與宗教如何將我們四分五裂》，頁二〇六—二六五。

扣合起來成一組。海特主張，這六項道德基礎是人類先天共有的道德認知，但因爲後天經驗學習的關係，使得個體差異對不同的道德基礎有不同的比重，而這些不同的比重，則會形成不同的道德直覺。海特指出，人類之所以先天有這六項道德基礎，來自生物演化上的各種適應難題，包括對於自身的生存、爲了保存自己的基因能夠延續下一代等，這六項道德基礎又可稱之爲道德認知的模組或感測機制，有如舌頭上的六種味覺受體，一旦碰觸到道德的觸發事件，這些感測器會馬上產生反應（道德直覺）。就像是舌頭上接觸到不同的食物，會馬上產生味覺的反應。而這些反應過程，並沒有經過任何理性的介入。接下來，讓我們簡單談一下這六項道德基礎的感測機制是如何發揮作用的。

關懷與傷害

海特認爲，人類爲了讓自己脆弱的寶寶能夠健康存活，往往會投入更多的心力照顧。就演化來說，人類能夠對兒童的需求和痛苦跡象做出適當的反應，在這一方面，通常女性比男性更加敏銳和細膩。人類不僅關懷與保護自己的孩子，也會擴大範圍，包括別人家的孩子、其他動物等，這也是爲什麼，社會大眾會對殺害三歲女童的凶手⑰感到憤怒和痛恨。關懷／傷害模組的觸發物，往往是一些被傷害的畫面，包括戰爭照片中血淋淋的屍體、被捕獸夾夾到的動物等。

公平與欺騙

設想一下，假若在一間公司上班，你請假四天，結果被扣了四天的薪水，而你的同事因爲與老闆是親戚關係，他請假四天卻只被扣了一天的薪水，這時候你是否會覺得不公平？又或者，你去租房子，剛開始你被告知這間房間是新的裝潢，沙發椅和床都是新買的名牌，結果簽約入住後沒多久，你發現下雨時牆壁會滲水，廁所馬桶又經常阻塞，而沙發椅和床其實都是舊的，這時候你是否會有一種被欺騙的感覺？爲了讓一個團體可以互惠合作，人類演化出一套「一報還一報」的道德情緒，也就是強調「公平」和免受「欺騙」的對待。

⑰ 二〇一六年三月二十八日上午十一時，一名三歲女童（小名小燈泡）和母親前往臺北市西湖捷運站時，被凶手隨機尾隨，並以菜刀砍向其頸部致死。

自由與壓迫

人類學家克里斯多福・伯姆（Christopher Boehm）發現，人類的團體生活模式跟黑猩猩的團體生活很相似。在黑猩猩的社會裡，會有一個地位最高的雄性黑猩猩，其他黑猩猩必須服從這位黑猩猩，若沒有表現出應有的卑微，又或者威脅到這位黑猩猩的地位，就會遭受到一頓痛打。然而，地位最高的黑猩猩，必須要能夠服務大家，調解糾紛，若牠欺壓其他黑猩猩，其他黑猩猩會聯合起來對付牠，甚至會取牠的性命（我們不妨想想，法國大革命的路易十六是如何被送上斷頭臺）。⑱伯姆認爲，人類早期有階級的傾向，但是發展到某個時期，出現了「政治轉型」，採取平等主義的生活方式。從歷史的發展來說，游牧型的採集部落就是一種平等主義的文明形態。在一個講究人人平等、自由的社會裡，若出現一方壓迫另一方的行爲，就會觸發人民的憤慨和抵抗。好幾年前，教育部拒絕聘任管中閔爲臺大校長，引起社會輿論的批評。就在五月四日當天，臺大師生發起「新五四運動」，其宣揚的理念正是「捍衛大學自治，守護學術自由」。很明顯，這起運動背後的道德訴求正是「自由／壓迫」的道德。

⑱ 海德特著、姚怡平譯：《好人總是自以為是：政治與宗教如何將我們四分五裂》，頁二五七—二五八。

忠誠與背叛

前一個道德主要是適用在同一個團體內部，而忠誠／背叛的道德則是用來適應團體與團體之間的競爭與對立關係。爲了共同面對外來團體的挑戰與威脅，團體內部的人要團結一致，於是忠誠／背叛就成爲區別成員和叛徒的指標。在早期的宗教領域非常強調這項道德，一旦冠上叛教的罪名，就會被該宗教的信徒恨之入骨。在戰爭期間，這項道德也特別被看重，叛徒、賣國賊的罪名都足以牽連整個家族。在臺灣，忠誠／背叛經常出現在兩岸關係的議題裡，這也是爲什麼黃安那麼被臺灣人討厭，他雖然是臺灣人，但明顯「親中」，一方面居住在中國且經常舉報臺灣藝人，一方面又常回來臺灣享用健保的福利。

權威與顛覆

前一項道德跟這項道德看似相互牴觸，但其實不盡然。畢竟在某些情況下，權威具有合法性，例如一個班級裡的師生，若幾十個學生不服從老師的上課方式，後果可想而知。另外，在社交的一些敬語上，也都會體現出某人的權威，例如使用「您」而不是「你」。海特舉了兩個例子最能說明這一點：如果一個讓你尊敬的長者，請你直接叫他的名字，你會不會感到一陣尷尬？若是陌生的業務員不是叫你先生或女士，而是直呼其名，你會不會感到討厭或反感？一般來說，權威跟職位、身分、地位等息息相關，即使在民主的社會，對於某些職位上的人物，我們仍被要求服從他的權威。如在法國二戰紀念活動現場，有學生直呼總統馬克宏的綽號——Maru，當場被馬克宏糾正：「你正在參加正式儀式，應該舉止合宜」、「你應該稱呼我總統先生」，事後該學生也向馬克宏道歉。從過去到現在，在人類的社會裡，權威都意味著秩序的維持，因爲上位者必須對下位者負責，一旦有人無法服從權威，或行爲顚覆了秩序，就會產生社會的混亂。因此，爲了要適應團體生活，人類也發展出權威／顚覆的道德基礎。

聖潔與墮落

早期的人類，爲了避免汙穢與充滿病原體的生活環境，或者爲了避免吃到寄生蟲與骯髒的東西，而發展出這項道德。關於這項道德的現代觸發事件，海特提到了一個例子。在二〇〇一年三月九日，德國發生了一起駭人聽聞的殺人事件。德國電腦技師麥維斯和電腦工程師布蘭德斯錄製了一段影片，該影片顯示了布蘭德斯是在完全清醒的狀態下願意被麥維斯宰殺的。然而影片的內容卻驚動了整個社會。影片裡詳細地記錄了麥維斯的「宰殺」過程，包括烹調布蘭德斯的生殖器官，逐一地把布蘭德斯的肉剁下來，放到冷藏庫。在未來的十幾個月裡，麥維斯慢慢「享用」著布蘭德斯的屍肉。布蘭德斯是完全自願被麥維斯用這樣的方式對待和宰殺的，從「在不侵犯到他人的情況下，自由不應該受到限制」的原則來看，麥維斯似乎不應該背負謀殺的罪名（剛開始，麥維斯不是被判謀殺罪，而是「過失致死」）。但我們還是覺得布蘭德斯非常殘忍，覺得這是一起變態的謀殺案，對於他的行徑我們感到噁心、反感。在這起事件中，就是觸發了我們的聖潔／墮落的道德直覺。除此之外，一些偉大的宗教人物（如耶穌）、聖典（如聖經）、神聖象徵物（如十字架）、聖地（如耶路撒冷）遭受到他人的褻瀆後，也會觸發信徒的聖潔／墮落的道德感知。

針對上述的六項道德基礎，海特整理出一個表格：⑲

⑲ 海德特著、姚怡平譯：《好人總是自以為是：政治與宗教如何將我們四分五裂》，頁一九五。海特的原表並沒有「自由／壓迫」這個原則，這個原則是他後來提出的，但是我們可以透過海特的分析而代之填補。

	適應難題	原始觸發物	目前觸發物	典型情緒	相關美德
關懷與傷害	保護及關懷兒童	某人的小孩表現出受苦、憂傷或貧窮	大象寶寶、可愛的卡通人物	慈悲	關懷、仁慈
公平與欺騙	收互惠之利	欺騙、合作、瞞騙	忠誠的婚姻關係、壞掉的售賣機	氣憤、感激、愧疚	公平、正義、可靠
自由與壓迫	避免團體中有人一有機會就想統治、霸凌及限制他人	嘗試統治、壓迫的跡象	專制、強權（納粹主義、集權主義）	義憤、抗拒	自由、正義
忠誠與背叛	組成團結的聯盟	團體面臨的威脅或難題	運動代表隊、國家	群體自豪感、對叛徒感到氣憤	忠誠、愛國心、自我犧牲
權威與顛覆	在各階層打造有益的關係	統治和歸順的跡象	老闆、受敬重的專業人士	尊重、恐懼	服從、聽從
聖潔與墮落	避免汙穢物	排泄物、死人	禁忌的信念（共產主義、種族歧視）	反感	禁酒、禁欲、虔誠、潔淨

這個表格很清楚地呈現出：人類爲了適應各種難題而演化出這六項道德基礎，這些道德基礎都會有一些原始的觸發物，隨著歷史發展到現今，也會逐漸擴大或縮小相關的觸發物。面對這些觸發物，會有相應的情緒，而每項道德基礎也會有相應的美德。海特指出，不同團體的道德基礎比重也會不同，他以美國的政治自由派和保守派爲考察對象，發現自由派是以「關懷／傷害」、「公平／欺騙」和「自由／壓迫」的道德基礎爲核心；而保守派則是六項道德原則都重視。雖然兩派有三項重疊的道德基礎，但是在比重上，兩派並不相同。相較之下，自由派更加強調「關懷」、「公平」和「自由」。而且，即使兩派都支持「自由／壓迫」這項道德，但是彼此的理解卻截然不同。自由派追求的「自由」，是普遍性的自由，包括弱勢、窮人都應該要能夠自由地實現他們的幸福人生；但是保守派的「自由」卻是強調自由市場與自由經濟，認爲政府不應該干預市場的運作。

由於不同的文化經驗，形塑出側重不同道德基礎的個體，因此形成的道德直覺也會有差異。道德直覺之所以如此深入影響人心，也跟我們產生的情緒或心理反應密切相關。而理性所扮演的角色，只是事後把道德判斷給合理化。了解這一點，才能夠真正明白爲何在一個民主社會裡，理性溝通並不見得可以達到共識。我們也可以更加明白到，很多宗教團體反對同性戀婚姻所提出的理由，爲什麼往往把焦點放在「性」的關係上，因爲在他們的道德感知裡，同性之間的性愛行爲，觸發了聖潔／墮落的道德感知。若我們一味嘲笑、揶揄這些宗教團體，或責備他們爲何不理性思考、沒有同理心等，不但無法促成有效溝通，反而會引起更大的對立。

海特指出，人類的生活從過去演化到現在，道德模組的觸發物有時候是錯誤導致的。換句話說，一些不見得是汙穢、墮落的事物，在某些群體裡都可能演變成是聖潔/墮落的觸發物。海特認爲，若不了解「聖潔」的基礎，就很難了解目前很多的醫療爭議，如在墮胎的倫理問題上，就會只停留在「胎兒究竟何時會有痛感？」的討論。[20]同樣的，若我們可以了解關懷/傷害在人類生活中是一項非常重要、普遍的道德基礎，就不難理解爲何許多人即使不是殺童案的家屬，也會那麼強烈支持死刑。

社會對立的解決方法？

每個人的道德直覺不同，所以形成的道德判斷也不同，因此當一個人堅定不移地想成爲一個有「道德」的人時，往往也會因爲他的堅持而造成社會對立。海特認爲，要化解社會對立，就要營造

⑳ 海德特著、姚怡平譯：《好人總是自以為是：政治與宗教如何將我們四分五裂》，頁二三〇。

能夠緩和道德直覺衝突的外在環境，包括讓不同文化、團體的人建立友誼的私交關係，或者是尋找共同的敵人等。另外，海特也認為，對立的兩造，如保守派和自由派，有如中國的陰陽觀念，雖然彼此對立卻相互依存、互補。他指出，自由派所重視的三項基礎之中，以「關懷」的比重最大，也因為如此，自由派會特別關懷那些受到壓迫、歧視的受害者。另外，自由派主張干預市場經濟，對公司、企業實行限制，這些主張也會帶來社會的正面效果。而保守派重視的道德基礎比較寬廣，某些時候能夠偵測到自由派所沒有察覺到的社會威脅。海特強調，保守派重視社群、傳統價值，強調社會的利益、秩序，某些宗教甚至可以讓人變成更好的鄰居和公民。自由派若過於追求改變，反倒會削弱道德資本，造成混亂失序的環境。因此，對海特來說，自由派和保守派雖然是政治光譜的兩端，但兩者的存在對於社會的良序發展而言都是非常重要的。[21]海特邀請對立的雙方，不妨嘗試理解對方所看重的道德基礎，並與之有一次友善的互動，那麼就會比較容易傾聽對方的想法，甚至能以全新的眼光去看待這些有爭議的議題。

㉑ 海特甚至引用哲學家彌爾（John Stuart Mill）的一段話來描述保守派和自由派的關係：「一方講秩序或穩定，一方講進步或改革，兩者都是健全的政治生活狀態不可或缺的環節。」見海德特著、姚怡平譯：《好人總是自以為是：政治與宗教如何將我們四分五裂》，頁四三二。

然而，理性在化解社會對立的問題上，其實也扮演了很重要的角色，因爲我們可以透過各種鍛鍊的方式來提升我們的理性思考，藉由理性思考來反思自我，包括反思自己過去認爲是對的判斷是否眞的就是對的。格林認爲，人的道德機制基本上是「雙程序系統」，道德直覺是「自動模式」，而理性推理則是「手動模式」，當道德觸發事件發生時，我們第一時間的反應是道德直覺，但是我們可以隨著時間的流動而切換成「手動模式」。而「手動模式」的一個重要任務，則是反思我們第一時間形成的道德直覺。也就是說，若將「時間」的元素放進來考量，那麼「理性」的任務就不僅只是用來支持當初形成的道德判斷，還可能會進一步反思該判斷。

要注意的是，格林認爲，我們可以透過理性的方式尋找到共識，他提出「效益主義」（utilitarianism）的主張，指出不同道德觀的人可以基於事實的考慮，找出快樂淨値的極大化，以此作爲道德爭議的解決基礎，他稱之爲「共通貨幣」。[22]然而，海特並不一定會承認這個觀點，因爲格林背後的預設還是延續啟蒙理性的信念：人類始終可以透過理性來尋找到普遍、有效的共識。「效

㉒ 格林著、高忠義譯：《道德部落：道德爭議無處不在，該如何建立對話、凝聚共識？》，第六－八章。

益主義」是否能夠解決道德爭議，其實還有很大的討論空間，[23]不過至少格林提出的「手動模式」，可以補充說明：理性介入不一定只是用來支持當初形成的道德判斷，還可以反思道德。

事實上，對很多人來說，道德判斷確實是來自最直接的道德直覺，即便如此，我們還是可以透過鍛鍊的方式讓理性介入這個過程。不過，要注意的是，與你爭辯的對方，不一定能夠馬上切換爲「手動模式」，而即使給予更多的時間，對方也不一定會反思自己的觀點或改變自己的立場。這時候我們應該要做的，並不是指責對方不理性或嘲笑他，而是嘗試理解與感受他的訴求，特別是他個人的生命經驗、遭遇以及隨之而來的情緒反應，儘量避免引發更大的激烈情緒。也唯有眞誠地聆聽對方的故事，尊重對方的道德直覺，才有可能進一步思考如何應對價值衝突的問題。

[23] 本章不打算詳細討論這個問題，在此只是要指出，格林主張的解決方法，跟海特有很大的差異。

從人類的屠殺到動物的屠殺
——省思現代性文明的「大屠殺」

尊重動物不是善良之舉，而是正義之舉。——湯姆雷根（Tom Regan）

二〇二一年五月，以色列和巴勒斯坦軍事衝突升溫，黎巴嫩和敘利亞也加入戰局，以巴的軍事衝突至少可以上溯到二次世界大戰。

一九四八年以色列建國後，以巴的衝突、戰爭就未曾中斷，其中最有名的就是一九六七年爆發的第三次中東戰爭（又稱六日戰爭）。以色列對巴勒斯坦的壓迫和侵占，在約旦河西岸設立屯墾區，使得許多巴勒斯坦人流離失所，成爲中東的難民。

電影《你只欠我一個道歉》就是以六日戰爭爲背景，發生在黎巴嫩的故事。這部電影講述了一位信奉基督教的黎巴嫩居民和一位巴勒斯坦難民因爲一件小事而鬧上法庭，最後引發全國衝突的故事。他們的衝突，不只是因爲文化、宗教的不同，還有戰爭帶來的仇視和憤怒。

回到以巴的問題，這不會只是兩個國家、兩個種族的衝突，背後也牽涉到美國的介入，深究下去，會觸碰到所謂的「文明衝突」。

要反省以色列對巴勒斯坦造成的傷害，必須要理解猶太人在歷史上不斷被驅逐、歧視、汙名化乃至於被屠殺所帶來的創傷。建國之前，他們到處流亡、居無定所，沒有自己的國家。社會學家鮑曼（Zygmunt Bauman）分析，當時的歐洲人普遍認爲猶太人不屬於任何國家，也不會對所在的國家產生認同，故不會有愛國心。猶太人的「猶太性」具有一種「陌生性」，他們的存在代表著破壞、騷亂、威脅和無序，他們被視爲國家內部的敵人。

二戰和大屠殺事件之後，歐洲接近三分之二的猶太人遭到屠殺。

挪威哲學教授史文德森（Lars Fr. H. Svendsen）在《我們與惡的距離》裡指出，沒有一個暴君或獨裁者能夠憑藉自己的力量就能造成種族屠殺，這需要一群人願意去屠殺另一群人才會發生，他說：

> 只要有大群人支持並參與其中，這種暴行就會發生。沒有哪個暴君或獨裁者能憑一己之力去迫害一大批人。而且，多數參與迫害的人也知道孰善孰惡。他們明知不能對同胞實施酷刑和殺害

他們，可是他們不會讓這種見解影響他們的行動。

大屠殺必然代表了特殊的邪惡勢力，但它是由普通人實施的，包括發動大規模清洗、釋放毒氣、縱火、洗劫村鎮、進行人體藥物試驗、殘害猶太人以便將他們的骨骸捐獻給德國大學的解剖系統做研究——這些作惡者的道德觀無法用來區分大屠殺和其他種族滅絕。[24]

換言之，種族屠殺通常不是十惡不赦的人造成的，而是在社會上過著一般生活、與你我無異的普通人促成的。

鮑曼在《現代性與大屠殺》中主張，促使二戰大屠殺的深層結構原因不是反猶太主義（反猶、仇猶是上千年前就存在的問題），而是現代性文明。現代性文明構成大屠殺的必要條件，它帶來了理性的工具化、官僚化、科層化以及技術管理的程序化，還有現代性的技術產物如毒氣、焚化廠等，凡此都讓大屠殺得以發生。

如何避免人類文明再度發生類似的大屠殺事件，值得我們好好反思。

㉔ 史文德森著、丁敏譯：《我們與惡的距離：關於邪惡的哲學思考》（北京：中國人民大學出版社，二〇二一），頁十七、頁十九。

時至今日，不只是人類被大屠殺，動物也面臨了類似的問題。「關鍵評論」之前刊載了〈人類打造的肉類生產機器——食品業是造成絕大多數動物痛苦的產業〉一文，這篇文章對動物遭遇各種折磨、虐待、被屠殺的方式有相當細緻的描述，讓人想到集中營的各種科層化管理和不人道的對待方式。例如，母豬被關在窄小的空間裡不斷受孕，而出生不到四週的小豬，會被拿去催肥。在這個過程，若長不大的小豬會被「安樂死」，執行的方式是抓住小豬的雙腿，用力一甩，讓小豬的頭直接撞到水泥地板當場死亡；健康的小豬會在沒有麻醉和打止痛藥的情況下，被剪去耳號、尾巴、針齒與雄性去勢。

此外，母雞也會被剪去三分之一至二分之一的鳥喙，關在比A4紙張一半大一些的空間裡，活著的唯一價值就是產卵，一旦產能耗盡則會被用來煮湯。爲了誘發母雞的產卵週期，母雞會被禁止飲食十到十四天。母雞產下的若是小公雞，小公雞不具有太多的經濟價值，通常會被活生生地絞碎、毒氣殺死、悶死、電死，又或者被丟進碎木機裡絞死。依據統計，美國每年至少有兩億六千萬隻出生的小公雞遭逢此劫。不只是豬和雞，牛和魚類也有類似的遭遇。換言之，現代科技帶來的工業化、集約式生產方式，使得動物成爲了被大規模屠殺的對象。

很多人看到這篇文章，很容易就會聯想到是要鼓勵人們吃素，因此引起反感。但其實不必這麼快就進入到是否要吃素的討論，而且一旦落入這個爭議，會使得更多人不願意去正視動物受虐的問題。如何反省現代性的工業化與技術管理，才是當前值得正視的問題。

從人類屠殺到現代工業的動物屠殺，都一再突顯現代文明該如何正視、思考「他者」的重要性，不管這個「他者」是文化或種族上的「他者」，還是物種意義下的「他者」。唯有願意「面對面」正視「他者」的苦難，人類文明才能減少各種「大屠殺」。

最後，也許我們可以好好思考一個問題：當年德國人對猶太人被關在集中營的事表現得冷漠、漠不關心，間接促成了這起歷史上的大屠殺事件，當今面對動物類似的遭遇，若我們也不關心、不在意，是否也間接參與了人類文明的「大屠殺」？

政治哲思

你我都在努力說話，
但彼此聽不到對方

如何面對二十一世紀全球貧富差距的問題？——《二十一世紀資本論》帶來的啟發

如果我或我的階級或國家的自由是依賴在許多其他人的苦難上，那麼提倡自由就是不公正且不道德的。——柏林（Isaiah Berlin）

冷戰結束後，全球澈底地邁入了資本主義的時代。自由市場機制帶來財富的同時，卻也釀造了二十一世紀全球貧富差距的問題。資本主義行之有年的法國、美國和英國，持有的資本集中程度自十八世紀到二十世紀初，都有不斷攀升的現象，直到兩次世界大戰、經濟大恐慌之後，上升幅度才下降。庫茲涅茨（Smith Kuznets）認爲，收入的不平等差距，將會在資本主義發展到最高階段時下降，並且會在一個可接受的水平上穩定下來。庫茲涅茨的觀察並不是空穴來風，從一九四五年到一九七五年間，貧富差距的數據曲線明顯下降許多，這段三十年的歷史被稱爲「輝煌三十年」。然而，一九八〇年之後，資本集中的幅度卻又開始快速上升。皮凱提（Thomas Piketty）在《二十一世紀資本論》談到，若目前的經濟模式繼續發展，未來三十年內，大概會有百分之八十資本集中在少數百分之十的手中，而過去「輝煌三十年」的歷史，僅僅是戰爭造成市場運作緩慢使然，並不一定是資本主義本身發展所帶來的結果。

皮凱提認爲，收入的差距來自勞動收入的不平等以及資本收入的不平等。他提出一個數學公式：當資本報酬率（r）大於經濟成長率（g）時，財富分配不均就逐漸萌芽。所謂的資本報酬率包括利潤、股利、利息、租金等，而經濟成長率則是指國家的年收入或產出的增長情況。皮凱提引用了很多數據分析，他認爲，擅長數學計算、數據統計的經濟學家，缺乏跟社會學家、歷史學家的溝通，因此他希望結合數據統計與社會歷史的研究，引發不同領域的專家學者共同來反思資本主義的問題。他強調，收入和財富的歷史是難以預測的，而歷史的演變取決於人類如何看待收入不公平以及要採取怎樣的政策去改變或制衡分配不均的問題。皮凱提也指出，除了企業界的老闆之外，一些公司裡面的主管、CEO薪水比一般員工高太多，即「超高薪資」的問題，也是造成社會貧富差距過大的關鍵。通常這些「超高薪資」的主管，跟公司董事有密切的關係，兩者都是互惠互利的關係。另外，皮凱提也歸納整理了二〇一〇年之後各銀行機構發布的「全球財富報告」，總結爲：最富的百分之〇點一人群大概擁有全球財富總額的百分之二十；最富的百分之一人群擁有全球財富總額的百分之五十；最富的百分之十則擁有全球財富總額的百分之八十至九十。

皮凱提進一步指出，資本高度集中在少數人手中或收入不公所造成的貧富懸殊的問題，將會引發社會的革命或戰亂。二〇〇一年諾貝爾經濟學獎得主史迪格里茲（Joseph E.Stiglitz）也在《不公平的代價》裡指出，貧富差距、分配不均的問題愈發嚴重，將會傷害到民主政治的程序。他認爲，政治程序制定的規則其實是相當有利於少數有錢的百分之一人，例如在選舉時，若某候選人不支持企業的法案，就會被斷了政治獻金。史迪格里茲甚至認爲，最高法院的判決，也會傾向支持企業立場，在某種意義來看，其實是反映了有錢階級的勝利。因爲有錢人操控政治體系，成功選出他們心中的政治人物後，政治人物再任命法官，而法官就可以繼續維護企業。史迪格里茲強調，分配不均不只是失靈的市場造成，政府在塑造市場上也扮演了相當關鍵的角色，市場的失靈也意味著政府的失能。他也主張，在平衡市場的問題上，國家和公民社會有各自要扮演的角色。

政治哲學家羅爾斯（John Rawls）提出「正義即公平」（justice as fairness）的主張，並且認爲社經條件嚴重分布不均，將會阻礙正義社會的實現，一個正義的社會應該要能讓人人享有實質的自由與基本權利。這樣的考量不難想像，比方說出生在貧窮弱勢家庭的小孩，從小接觸到的教育資源就會比富人的小孩來得少，而教育是影響一個人未來人生的關鍵領域，一旦教育的起點不同，未來人生亦會大不同。如《世界不平等報告二〇一八》一書所揭示的，在美國，低所得群體的小孩上大學的百分比遠遠低於高所得群體的小孩。父母是所得群體下層百分之十的一百位小孩裡，上大學的只有三十位；但在父母是上層百分之十的一百位小孩裡，卻有九十位可上大學。

另外，即使社會上任何的職業、工作是公平開放給所有人的，但事實上並不是每個人都有實質的條件可以爭取到這些職業、工作。為了彌補這些差異，羅爾斯提出了有名的「差異原則」（the difference principle），主張在社經條件分配不均的條件下，必須以受益最少的成員有著最大的利益為原則。

政府在實務上要落實「差異原則」，事業救濟金、醫療補助、教育津貼等都會是重要的做法。政府要花費更多的支出在窮人身上，則需要對富人抽取更多的稅收。這樣的做法當然是企業家與富人不願意看到的，他們認為這是「劫富濟貧」的做法。在美國，政府是否應該要干預／調節市場的運作以及對富人徵收更多的稅收來補助弱勢群體，正是民主黨和共和黨在經濟政策上最大的爭論點。

有人認為通貨膨脹能夠降低資本報酬率，但皮凱提認為通貨膨脹造成的財富再分配，是「劫貧濟富」的做法，只會讓資本分配更加不公平。皮凱提最後提出的是「累進資本稅」以及「全球資本稅」的方案，「全球資本稅」仰賴的是全球為了一個共同的目標而建立一套全世界財富的稅收安排，其目標在於對全球最富有的人徵收基於個人的「淨財富」的稅收。至於淨財富的計算方式，則是將該富人所擁有的金融財產，如：銀行存款、股票、債券、合營股份等和非金融財產，如：不動產等的市價，減去負債後的計算結果。當然，皮凱提也提出了一些徵收稅率的想像，如一百萬－五百萬歐元稅率爲百分之一，五百萬歐元以上稅率爲百分之二等，也可以設想「全球財富的年度累進稅」，如十億歐元以上的資產稅收率爲百分之五至十，二十萬歐元以下稅率爲百分之〇點一等，以此類推。

「全球資本稅」的推動，必須建立金融透明度的管理機制，各銀行、金融機構要明確公開相關的財富數據，也就是信息共享，讓國際機關和統計部門提供可靠的全球財富的數據。但這些方案要求高水平的國際協作和區域政治一體化，這無疑難以實現在民族國家裡，但他始終認爲，區域政治一體化是「對二十一世紀全球承襲制資本主義的有效管理」。皮凱提的思考，已經超出一個國家範圍內對貧富差距的應對政策，而是立基在全球的角度思考全球不平等的問題，其廣大的關懷以及恢弘的視野，值得我們進一步關注。

兩極化的社會對立
——省思美國大學校園的政治衝突與暴力抗議

民主的偉大正在於它在這些不同的價值中容許實驗和可修正的選擇。——哈特（H.L.A.Hart）

民主社會帶來多元價值的美好，但同時也造就了多元的衝突，這是民主社會不得不正視的問題。即使是美國這樣的老牌民主國，如何面對多元衝突，也一直是棘手的問題。

由「黑人的命也是命」（Black Lives Matter）運動到美國國會大廈遭衝擊事件，美國的政治衝突與社會分裂可謂達到一個高峰。拜登上任後，衝突雖然得以暫緩，但不表示問題已經根除了。其實更早之前，美國的大學校園就不斷爆發各種政治衝突與暴力抗議事件。關於這點，教育學者路加諾夫（Greg Lukianoff）和道德心理學家海特（Jonathan Haidt）在《爲什麼我們製造出玻璃心世代？》這本書有很深刻的分析。

怎樣的言論算是冒犯與歧視？

在美國，言論自由受到高度的保障，《美國憲法第一修正案》就表明：「國會不得制定關於下列事項之法律：確立宗教或禁止信教自由；剝奪人民言論自由或出版及新聞自由；剝奪人民和平集會及向政府請願救濟之權利。」

那麼，若是會帶給別人傷害的歧視、冒犯的言論，能否獲得言論自由的保障呢？這是一個高度爭議的難題。這個難題牽涉到一個問題：怎樣才算是歧視、冒犯的言論？

歧視和冒犯不太一樣，歧視是「不公平的差別對待」，並且在一定程度上「突顯或強化特定族群在社經結構上的弱勢印象」；而冒犯則是「無禮、不尊重」，如員工因爲不滿老闆沒有加薪而在會議上向老闆丟鞋子，這可能冒犯了老闆，但沒有突顯或強化老闆在「社經結構上的弱勢印象」。不過，在政治言論上，歧視和冒犯往往存在高度重疊，難以區分。①

過去有人認爲，歧視言論的判斷標準，要看說話者的動機或意圖，若有明顯的歧視動機或意圖，

---

① 關於「歧視」會強化特定族群在社經結構上的弱勢印象，感謝中央大學哲學所博士林恩志的建議。有關「冒犯」的例子，感謝中正大學哲學所博士生陳立昇的啟發。

那就算是歧視言論。但也有人認爲，很多歧視是無意識中表現出來的，即使「說者無心」，也很可能是歧視。如在一場同學會聚餐裡，某個男生說了一個「黃色笑話」，他可能只是單純想開個玩笑，營造聊天氣氛，並沒有想要傷害誰，但有同座的女生卻因此感到被貶低、不舒服。因此，判斷一個言論是否歧視，關鍵在於聽者是否感到「被歧視」。

美國大學校園的暴力抗議

不過，這在現實上又會延伸出新的問題：**若聽者感受到「被歧視」就算是歧視，那是否會把歧視言論無限上綱，甚至壓迫到某些政治觀點**？這正是《爲什麼我們製造出玻璃心世代？》所關心的問題。這本書梳理了過去幾年美國大學校園的各種暴力衝突，包括大學生透過暴力行徑、恐嚇言論和激烈的抗議手段阻擾演講的進行，要求某某行政長官離職、某某教授道歉、發起網路霸凌等。大學本身也因爲社會壓力和學生壓力而建立了自我審查的制度。而這些事件的發生，大部分來自學生覺得某些言論、觀點讓人不舒服、焦慮、被冒犯、被歧視，以下舉出書中的幾個例子。

二〇一五年十月，克萊蒙特・麥肯納學院（CMC）有一個學生叫奧莉維雅（Olivia），她的父母是墨西哥人，後來移民到美國。奧莉維雅發現這間學院的拉美職員大多從事警衛和園丁的工作，很少擔任主管和教職，因此覺得難過，甚至投書到學生刊物，抒發自己遭到邊緣化和被排斥的感受，「她認爲CMC要人符合某種標準或典型，可是她偏偏不屬於那種樣貌」，②後來她還將這篇文章用電郵的方式寄給全體教職員。兩天後，學務長史沛爾曼（Spellman）私下回信，內容如下：

奧莉維雅——

謝謝妳寫這篇文章與我們分享。我們不但是一所學校，也是一個社群，看來我們還有很多工作要做。妳願意找時間跟我談談這些議題嗎？它們對我和（學務處）同仁來說都很重要。我們都想把學生照顧得更好，尤其是與我們CMC的模子格格不入的同學。

很希望能進一步與妳談談。

祝好，

---

② 海德特、路加諾夫著，朱怡康譯：《為什麼我們製造出玻璃心世代？：本世紀最大規模心理危機，看美國高等教育的「安全文化」如何讓下一代變得脆弱、反智、反民主》（臺北：麥田出版，二〇二〇），頁八十。

然而，奧莉維雅對於「模子」（mold）這個詞彙感到憤怒，覺得學務長是暗諷她不符CMC模子，不屬於CMC的一分子。奧莉維雅把這封回信內容公開在網路上，並且寫上自己的感言：「我就是不符合偉大的CMC模子！轉貼請便。」④這在網路上公開後，引起了校園抗議，「學生們遊行、示威，要求校長實施強制性多元化訓練，也要求史沛爾曼辭職。有兩名學生甚至開始絕食，誓言史沛爾曼不走他們就不吃。」⑤後來史沛爾曼致歉，並且表示「用意是認可那篇文章的感受和經驗，並提供協助」，但學生不接受道歉。這事件被媒體放大炒作，還登上全國新聞版，爲了平息學生的怒火，史沛爾曼只好辭職。

二〇一七年二月一日晚上，加州大學柏克萊分校邀請了一位挺川普、過去曾在「另類右派」（alt-right）的喉舌新聞臺擔任編輯的演講者，引發了極大的衝突，抗議者（包括校外人士和校內

③ 海德特、路加諾夫著，朱怡康譯：《為什麼我們製造出玻璃心世代？》，頁八十一－八十一。

④ 海德特、路加諾夫著，朱怡康譯：《為什麼我們製造出玻璃心世代？》，頁八十二。

⑤ 海德特、路加諾夫著，朱怡康譯：《為什麼我們製造出玻璃心世代？》，頁八十二。

學生）「踢倒照明器材、將商用級煙火射向大樓和警察、砸毀ATM、放火、拆護欄、用拆卸的護欄（和棒球棒）打破玻璃、向警方扔石塊，甚至投擲汽油彈。」⑥不僅如此，抗議者用水管、棍子和竿子攻擊想要聽演講的人的臉部和頭部，有一對夫婦抵在金屬欄上動彈不得，妻子的頭部遭到棍棒攻擊，而丈夫的太陽穴遭到重擊而流血，某些抗議者則用防身噴霧往他們臉上噴。

另外，從二〇一六年九月開始，俄勒岡州波特蘭市的里德學院有一門人文課程，長達十三個月遭到學生干擾和抗議，學生之所以抗議，是因爲「這門課總是把焦點放在古希臘和東地中海世界的思想家——用今天的眼光來看，他們全是白人。」⑦有一位老師想要在這門課程教古希臘詩人莎弗（Sapphoy）的作品，莎弗被視爲女性主義和女同志解放運動的偶像。然而，這位老師在課堂上卻頻頻受到各種干擾，書中寫到：

抗議學生走到教室前面，在她身旁揮舞字眼粗鄙又帶有攻擊性的標語。她覺得這樣很難上

⑥ 海德特、路加諾夫著，朱怡康譯：《為什麼我們製造出玻璃心世代？》，頁一二〇。
⑦ 海德特、路加諾夫著，朱怡康譯：《為什麼我們製造出玻璃心世代？》，頁一四二。

課，決定告訴學生她有PTSD（筆者按：創傷後壓力症候群），請他們顧及她的健康，不要在她的課堂抗議。結果他們寫公開信批判她，說她這項要求「製造（創傷的）上下階序，讓妳的創傷高人一等」，還指責她「反黑人」、「健全主義者」（ableist）、「煤氣燈操縱」（gaslighting，意思是透過讓受害者質疑自己的感知或精神正常與否，來操縱受害者）。⑧

對於學生的干擾和公開批評，學校完全放任不管。

爲何會出現如此極端的暴力抗議事件？

書中指出，上述這些大學校園暴力抗議事件，基本上來自三大思想謬誤：

1. 脆弱的謬誤：殺不死你的，讓你更脆弱。

⑧ 海德特、路加諾夫著，朱怡康譯：《為什麼我們製造出玻璃心世代？》，頁一四二。

2. 情緒推論的謬誤：永遠相信自己的感受。

3. 「我們」VS「他們」的謬誤：人生是好人與壞人的戰爭。⑨

「脆弱的謬誤」主要不是批評人們脆弱，而是指缺乏勇氣去聆聽跟我想法、觀點、立場不同的言論，認爲只要讓我感到不舒服或覺得被冒犯、歧視的言論，都是政治不正確、種族主義等，因此要用各種方式禁止其發言，甚至要公開譴責。**培養高度敏銳的心思相當重要，可以防止許多無意識的歧視言論，但培養良好溝通、尊重差異、願意聆聽的公共文化也非常重要，兩方面是可以共存的**。有很多學術上的觀點，不一定是歧視，如有學者指出，「黑人的命也是命」運動會讓警察有所顧忌，不願意到少數族裔的地方巡邏，結果讓那個地區的居民更沒有安全保障，也會增加黑人遇害的風險。這樣的觀點並非歧視黑人，但在校園的演講卻受到各種阻擾和學生包圍。

書中也從一些數據來說明，美國大學的教授普遍都偏向自由派或左派的立場，逐漸形成學術的「一言堂」，缺乏多元觀點的激盪。此外，這本書也從美國的社會、校園文化、家庭教育觀念和教育

⑨ 海德特、路加諾夫著，朱怡康譯：《為什麼我們製造出玻璃心世代？》，頁十三。

制度來分析，美國是如何釀造出年輕世代敵對、仇視的文化與心態。

培養敏感的心思與願意聆聽、溝通的公民文化

值得注意的是，**這本書不只反省左派，也反省右派**，而且很明確指出右派造成暴力的例子。這本書出版之前，也曾邀請五位對上述校園事件持大相逕庭看法的人來閱讀，然後給出批評的意見。可見作者是有意識的把相反意見也納入考量。

我們並不一定要全盤接受書中的想法，但裡面提出的各種問題以及分析與觀察，都很值得好好思考，至少不能完全忽略，也不宜過度簡化爲只是譴責年輕世代心靈脆弱，這不是書中的核心內容。比起批評年輕世代心靈脆弱，這本書更關心的是，爲何美國的文化會釀造出年輕世代只要聽到相反立場的言論就會感到害怕、受傷、憤怒，並拒絕聆聽與溝通，進而採取暴力手段去禁止相關發言。**或許眞正重要的，是如何可以保有敏感的心思去察覺各式各樣的歧視、偏見，同時又願意去聆聽、溝通與對話。**

面對價值衝突，有可能化解嗎？——談審議民主

> 對於正義的理性反應是始於傾聽、始於傾聽他人的呼求。——艾莉斯・楊（Iris Young）

爲什麼需要審議式民主？

在臺灣，人民普遍對立法委員的選舉並不陌生，這種透過投票選出立委來代表人民，以實行公權力的民主模式（如審查國家預算、制定法律、監督行政院的施政方向與政策等），可稱之爲「代議民主」（representative democracy，又稱之爲「間接民主」）。但代議民主最常出現的問題，就是決策品質偏向政黨或財團利益，脫離人民眞正的訴求。或許有人認爲，「直接民主」（direct democracy）能夠解決代議民主的問題，至少是不透過中介、直接讓人民以選票來決定政策（公投是最典型的例子）。然而，以選票的多寡來決定政策或制度，容易忽略少數族群的聲音和利益，這種以選票的加總結果來決定政策或制度的民主，稱之爲「加總民主」（aggregative democracy）。加總

民主最大的挑戰，就是會衍生「多數暴政」（tyranny of the majority）的問題，即強迫少數公民服從僅利於其他多數公民的相關政策或法律，這會使得少數公民覺得自己沒有被充分尊重。

爲了彌補加總民主的不足，自一九八〇年代開始，有美國學者提出了「審議民主」（deliberative democracy），主張公民透過公共審議的方式參與公共事務和決策。民主的核心內涵在於「主權在民」，即公民之間實行自我管治，但一般人容易僅把選票、投票視爲民主社會的核心，忽略了公共事務的參與和討論、聆聽不同公民的想法並共同做出最佳的決策才是民主最重要的精神。

審議民主的規範原則

不同於一般的閒聊或在政論節目發表自己的高見，審議民主具有明確的目標，希望可以針對某個公共議題讓社會不同族群發聲，除了可以更加深入了解議題之外，也可以知道其他公民的想法。更重要的是，在討論的過程，公民需要嘗試接納不同的觀點，並且提出合理的理由來證成自己的立場，以一個公開協商的方式來獲得共識。審議民主有它的規範性，依據美國學者古特曼（Amy Gutmann）和湯普森（Dennis Thompson），審議民主的規範原則有相互性原則、公開性原則、基本自由原則、基本機會原則和公平機會原則。[10]

一、相互性原則

審議民主的目標是希望透過公開討論的方式來凝聚各方人士的觀點，因此會平等地對待每一個參與者，也會要求參與的公民所提出的理由，是相互都能接受的。另外，在提出某些經驗事實做爲證據時，這些經驗要符合科學或能夠用可靠的方式來得以驗證。如某個人反對同性戀婚姻，他不能提出明顯帶有歧視性的言論來支持自己的觀點，又或者指控同性戀是一種精神疾病。[11]換言之，在公共審議的過程裡，不能只是表達自己所相信的看法，還得顧及不同觀點的他者，甚至要放下成心去傾聽他者的想法。但由於不同族群的出生背景、文化教育、生活方式大不同，彼此的價值觀往往差異過大，因此相互之間應該要盡可能尋找極小化彼此差異和歧見的證成方式，以避免過多的衝突。

⑩ 關於古特曼和湯普森提出審議民主的規範原則，參閱吳澤玫：〈審議民主與多元社會的穩定〉，《政治與社會哲學評論》第四十九期（二〇一四年六月），頁十六—二十四。

⑪ 美國精神醫學會已在一九七三年將同性戀去病化。但值得注意的是，很多人反對同性婚姻並不是基於歧視或「恐同」，而是擔心建立在自然生兒育女基礎上的家庭價值受到嚴重衝擊。

二、公開性原則

一般來說，參與公共審議的成員不會只有人民，還包括政府官員、相關的企業單位、專家學者等，尤其是涉及到專業知識的科技議題和經濟議題，[12]成員們所提出的資訊和理由，都必須公開透明。由於大家都知道自己所提出的意見是公開且能夠讓任何人檢視的，因此會更加謹愼思考和判斷，盡可能減少偏見、盲目、倉促下判斷或不恰當的觀點。即使無法完全消除偏見或私利的心態，但由於是一個公開的場所，它至少可以規範公民要把自利或偏見的一面藏起來，轉向公共利益的面向來討論。此時，政府官員、企業人員所做出的相關承諾，也因爲公開性的關係而能促使他們日後兌現自己的承諾。

三、基本自由原則

在公共審議的過程，可以提出不同的理由和發表各種的言論，但不能侵犯到個人的基本自由，包括言論自由、宗教自由等。在民主社會裡，個人的基本自由獲得憲法的保障，若某些提案明顯侵犯基

[12] 臺灣的核四發電和兩岸服貿的爭議，就是典型的科技議題和經濟議題。

本自由，等於是違反憲法，得予以拒絕。

四、基本機會原則

這裡的基本機會，指的是一般人基本生活所需要的資源，如糧食、飲水、安全住所、健康照護、醫療等。這項原則要求人民的基本生活要得到保障，如涉及到健保政策的議題時，參與審議的公民要考慮到社會上的少數族群是否有足夠的醫療資源來維持他們的基本生活。

五、公平機會原則

此處的機會，主要是指高等教育和優渥薪資的職位。社會上總有來自不同階層的成員，窮人不容易進入好的大學，所從事的工作往往薪資低、福利少、工作內容吃力不討好，但他們都會嚮往好的大學和理想的工作職位。這一類的高等教育和工作機會，必須開放給所有人，否則就是對特定族群的歧視。

總的來說，相互性原則和公開性原則屬於形式上的規範，而基本自由原則、基本機會原則和公平機會原則則是審議內容的規範，在民主憲政裡，後三者原則屬於憲法層次的規範，不能被凌駕。

審議民主的實踐

審議民主的實踐模式有很多種，包括公民共識會議、審議式民調、公民陪審團、國家議題論壇、二十一世紀城鎮會議等，從議題、挑選參與的公民到實際進行的程序，都有不同的設計和規劃，不同國家主要採取的審議模式也不盡相同。

在臺灣，最常見的審議類型是公民共識會議和審議式民調，審議的主題可分為全國性議題和地方性議題，前者包括全民健保、代理孕母、基因改造食品、死刑存廢等，後者包括宜蘭科學園區開發、臺北市汽機車總量管制等。審議民主不但能夠促進公民對話，讓彼此有機會糾正自己錯誤的認知和資訊，還能達到集思廣益和自我轉化的效果。

臺灣在二〇〇二年第一次引入審議民主，探討的主題是全民健保，在臺北和嘉義共舉辦了兩場論壇活動，參與的公民有二百八十位。經過了一番討論，原本有百分之二十二點二的人支持「減少保險項目且降低保費」，後來人數下降為百分之十點八；原本有百分之四十四點六的人支持「維持現狀，必要時調整保費」，後來人數則提升到百分之六十三點二。⑬

爲了讓審議民主的落實能夠符合上述的五個規範原則以及達到集思廣益和自我轉化的效果，審議會議的進行步驟可謂相當關鍵，茲引朱雲鵬教授的說明：

一、主辦單位就事先所發放、不同意見平衡陳述的書面資料，以及本次會議程序，做完整說明。（統一進行）

二、公民進行隨機分組，而後在分組會議由工作人員指導下，每人均發言，形成要請教專家的問題，同時推舉等一下要代表報告分組問題的成員。（分組進行）

三、專家答覆各分組所提問題，同時也回答當場提出之新問題。（統一進行）

四、再次進行分組會議的討論，讓參與者形成其各自的意見與看法，並產生新一輪的問題。（分組進行）

⑬ 關於不同的審議模式和臺灣的審議經驗，參閱吳澤玫（二〇一八）。〈審議民主〉，《華文哲學百科》（二〇一八版本），王一奇（編）。URL=http://mephilosophy.ccu.edu.tw/entry.php?entry_name=審議民主。

五、再次舉行大會，由專家回答新一輪問題，也回答當場提出的其他問題。（統一進行）

六、主辦單位對參與者就之前第一次民調所提之相同問題，進行問卷調查（後測），了解經過審議過程後公民代表的偏好。

七、比較前測、後測問卷調查的結果，並將此結果連同全部活動紀錄送交參與者、委託機構、相關決策機關或媒體。⑭

經過幾輪大會和分組的交替討論，參與的公民有機會接觸到充分的資訊和來自專家學者以及一般平民的意見，除了可以釐清相關的問題，也有足夠的時間檢視彼此所提出的理由，過程中也可以反省自己的盲點和疏漏。

值得注意的是，有學者針對臺灣二〇〇五年的四場審議會議（財稅改革、國是青年會議、竹科宜蘭基地、汽機車總量管制）進行研究，他們發現，專家的回答內容以及公民閱讀充分的資料，並不一

⑭ 朱雲鵬：〈人類群體對理想公共治理模式的追尋〉，收錄於《理想國的磚塊：當盲目民粹遇到審議民主》（高雄：五南出版社，二〇一七），頁二十六。

定會帶來自我轉化，但透過公民彼此之間的互動、講者和聽者的角色互換，反而可以打開心胸，理解到對方所重視的價値和理由，進而促成自我轉化（如不再堅持某些看法、從極端立場轉變爲較溫和的立場，甚至改變支持或反對的立場）。[15]

審議式的新聞報導

理想的情況是，公民在參與公共審議之前，已經對該議題有基本的理解和把握，而這一方面的資訊有賴於媒體新聞的公共報導。公共新聞在強化公民文化上扮演重要的角色，不應該爲了吸引閱聽者而側重在譁眾取寵的報導上。有學者主張一種「審議式的新聞報導」（deliberative reporting），其目標在於把議題的資訊和相關的正反論述準確地傳達給人民，以培養人民參與公共議題的思辨能力，並從中學習尊重不同的意見。

[15] 黃東益、李翰林、施佳益：〈「搏感情」或「講道理」？公共審議中參與者自我轉化機制之探討〉，《東吳政治學報》第二十五卷第一期（二〇〇七年三月），頁三十九—七十一。

審議式的新聞報導，有幾個關鍵步驟。⑯首先，記者要辨識議題爭議的核心，在進行採訪報導前，可以先蒐集相關的資訊，或透過採訪、民調的方式了解民眾對該議題的理解和關切程度。其次，要把握該議題的正反論述和背後的理由、證據，並且知道支持或提倡這些觀點的主要人物有哪些。接著，選取適合的對象來採訪，採訪的對象不能只有單一立場的人，應該盡可能採訪到不同觀點以及熟悉該議題的相關人士。採訪的核心不是著重在彼此的謾罵、嘲諷、極端或勁爆的言論，而是該主張有沒有合理的理由來支持，具體的科學證據或數據爲何。即使受訪者無法提供理由或理由不充分，記者也可以如實報導，這主要是協助人民去評估不同發言者論述的觀點是否充分合理。最後，在撰寫成新聞報導的時候，應該要側重在爭議背後的論點以及系統性地比較正反立場，可以列表比較或羅列各自的理由，讓讀者一目了然。書寫的語言也要盡可能平易近人，避免玩弄術語。

⑯黃惠萍：〈審議式民主的公共新聞想像：建構審議公共議題的新聞報導模式〉，《新聞學研究》八十三期（二〇〇五年四月），頁五十七—五十八。

結語

審議式民主的重要意義，在於讓公民可以直接參與公共政策或議題的討論，並促進彼此的溝通和理解，這對一個民主的多元社會特別重要。就一般民主程序的運作而言，主要是透過「少數服從多數」的方式來決定政策，但這樣的模式非但不是最理想的，甚至會威脅社會的穩定發展。當少數的一方長期下來都覺得政府沒有聆聽他們的心聲，他們有可能採取各種方式來加以反抗，不僅對抗其他族群，也可能對民主制度失去信心。

知識的增進和生命的成長，不應該是建立在同溫層之上，聆聽「不同的聲音」反而可以豐富自我的生命、打開一個全新的視野。嘗試同理自己覺得是錯的觀點是非常不容易的，在這個過程，或許會覺得對方的「聲音」刺耳，或許會對他人的想法感到詫異，甚至可能會爲自己帶來衝擊，造成自我的認知失調，但也有可能發現自己原來存在認知偏誤（cognitive bias）。做爲一個民主社會的公民，最難的並不是檢討、批評別人的想法，而是反省自己的觀點，也就是「自我批判」。在參與公共審議的過程，透過他者的異見，反而能夠幫助我們打開新的一扇窗，了解到自己的不足和盲點，不妨把這樣的經驗視爲一個難得的學習和成長的機會。

在臺灣的民主社會裡，「公民儒學」可以提供怎樣的哲學思考？

——多元、衝突與故事地位

老而無妻曰鰥，老而無夫曰寡，老而無子曰獨，幼而無父曰孤，此四者，天下之窮民而無告者。文王發政施仁，必先斯四者。——孟子

「公民儒學」的特殊定位

在臺灣提出「公民儒學」是一件很有趣的事情，原因有二：第一，就古代文化而言，「公民」與「儒學」是八竿子打不著的概念。第二，有部分自由主義者認爲儒學是阻礙民主進程的思想文化。上一世紀的文化論戰，代表自由主義陣容的殷海光先生就曾與新儒家代表的牟宗三先生、徐復觀先生展開了「儒家是否能開展出民主？」的爭論。這場爭論，延續到了現今，雖然主要停留在學術上的討論，但影響所及，始終不容小覷。

有意思的是，中研院歐美研究員鄧育仁教授則另闢蹊徑，試圖結合西方的自由主義理論和東方的

儒學，以公民哲學的角度發展出一套「公民儒學」。雖然這是一條兩邊不討好的路，但卻對臺灣有重大的意義。本章將以他的著作《公民儒學》和〈公民哲學的理念：從政治自由主義到公民儒學〉[17]作爲介紹的文本。所謂的「公民儒學」，就是把儒學放到當代民主立憲的脈絡下，以其作爲公民哲學的觀點而開展出新的民主論述。

價值衝突的深度歧見

臺灣是年輕的民主國家，若想透過哲學理論來使得民主運作更加完善發展，羅爾斯（John Rawls）的「正義論」無疑是非常好的資源。但是羅爾斯的理論，奠基在西方康德哲學的「自主」（autonomy）傳統，而臺灣要汲取西方的哲學理論，不能直接原封不動的挪用，而必須在自己的文化土壤上找到結合的基礎，如此才可以發展出健全的民主制度。鄧育仁教授認爲，儒學不僅可以結合

---

[17] 鄧育仁：〈公民哲學的理念：從政治自由主義到公民儒學〉，《政治與社會哲學評論》第五十九期（二〇一六年十二月），頁九十三—一五一。

羅爾斯，甚至可以調節羅爾斯的理論，以此發展出一套公民哲學。因此，他所汲取東西哲學的思想精華，正是羅爾斯的正義論和傳統儒學。要了解鄧育仁教授所主張的「公民儒學」之重要性，首先必須先理解他意欲解決的問題是什麼。

在一個自由、民主的社會裡，容許多元價值並存，發展到某個階段的時候，會出現價值衝突的問題。鄧教授指出，即便大家都是講理、願意傾聽對方的人，但無論你提出多麼嚴謹的論證或清晰而深入的觀點，對於彼此認定的問題、理由或證據的判別上，始終難以獲得共識。即便你眞心誠意邀請別人聆聽你的想法，也願意花時間解釋，但你認爲重要的基本問題或理由，別人未必認可；同樣的，別人認爲是眞知灼見的觀點，你則可能會感到訝異，這樣的一個溝通困境，鄧教授稱之爲「多元問題」。而他提出的公民儒學，則是試圖調節多元問題的理論方案。

面對爭議的問題，基本上有三種情況：⑱

第一種情況簡稱「權衡問題」，彼此對於問題的重要性或證據、理由的判讀上，有不同的權衡理解。也就是說，雙方對於彼此提出的證據或理由，都認爲可以是支持的證據或理由，只是對支持的力

⑱ 鄧育仁：〈公民哲學的理念：從政治自由主義到公民儒學〉，頁一〇一—一〇二。

度有不同的認知，因此還算是有共同的討論基礎，只不過在此基礎上有不同的競爭觀點。

第二種情況簡稱「深度問題」，即對於事件的問題、證據或理由出現嚴重的分歧：你認爲是問題、證據或理由，對方則無法視之爲是問題、證據或理由，反之亦然。在這種情況下，彼此沒有溝通的基礎，往往造成彼此只覺得對方竟然如此的「無知」，卻無法認知到是因爲彼此對問題的設定、看待事物的角度、背後的價值取向不同使然。

第三種情況是參照海特（Jonathan Haidt）的道德心理學理論而提出的，簡稱爲「維度測重不同的多元問題」。海特經過一些實驗成果，提出人對道德情境的直覺與認知，是由六項基礎所構成的，分別爲關懷／傷害、公平／欺騙、自由／壓迫、忠誠／背叛、權威／顚覆、聖潔／墮落。基本上，人在具體情境中出現的道德直覺，被這六個維度的框架左右。進一步說，我們不是先依據充分的理由而做出道德判斷，而是先有道德判斷，才找理由支持自己的判斷。人對不同維度的測重，則產生了不同的道德直覺。

「維度測重不同的多元問題」，正是構成「權衡問題」和「深度問題」的來源。鄧教授強調，即便不接受海特提出的六維度，但「維度多元、側重有別」和「直覺先行、理由後援」卻是人的道德認知的基本方式。他憂心的是，一旦多元的價值衝突到某個程度，會摧毀民主的根基。

東、西方的文化不同

羅爾斯提出的兩大正義原則，第一原則爲自由平等原則（在政治上人人享有自由與基本權利），第二原則又細分爲機會公平原則（人人享有公平的工作機會）和差異原則（在經濟制度上，要以處於經濟條件受益最少的族群有著最大的利益爲原則）。羅爾斯提出的正義原則，毫無疑問是經過深思熟慮的，但卻是基於歐美的深厚民主傳承中所制定出來的正義提案。但臺灣沒有這樣的一個傳承，若直接照單全收，可能難見其效果，特別是臺灣的傳統與現代價值共存，往往是造成深度問題的關鍵。鄧教授關注的是，如何從全球的視角，學習、檢視民主傳承中的優良制度、理念，並在實踐中思考如何從傳統吸收精華，來接軌民主，以解決深度歧見的問題。在這個意義下，羅爾斯提出的兩大正義原則，在歐美用來調節彼此說理的方式可以有效，是因爲在歐美的民主傳承中，可以接受立足在正義原則的政治觀點，分歧的只是大家對於具體落實自由平等或機會平等的想法都不同，因此，分歧主要是「權衡問題」，而不是「深度問題」。

以「公民儒學」作為深度歧見問題的調節方案

但是在臺灣，恐怕就沒有那麼簡單。筆者認爲儒學是臺灣的主要傳統文化，而要發展現代良好的民主制度，必須結合傳統，但是儒學在歷史上有與專制共構的一面，故不能不謹愼。鄧教授對於儒學的傳承，也有批判的一面。他在《公民儒學》指出，明代黃宗羲的《明夷待訪錄》，已經出現了箝制帝王權力過大的思想，但由於只推崇儒學爲正統治理權力的集團，而排斥其他思想（如佛家），故最終仍然會違背「公天下」理念，他稱之爲「皇權時代儒學的歷史困局」。即便如此，他認爲還是可以發展出儒學的現代內涵，由「別傳」的方式把民主的優點承接過來，他稱之爲「民主別傳」。所謂的「民主別傳」，意思是指儒學本身雖然沒有歐美文化的民主傳承，但卻可基於尊重西方民主傳承的特色，以己身的「故事傳承」方式以及「關懷弱勢、減少苦難」的政治承諾來深入理解、吸收、結合西方的民主傳承的優點，以在民主立憲的社會裡落實「公天下」的理念。

在臺灣，公民儒學可以補充羅爾斯的地方，至少有兩個層次：

第一，臺灣的自由與多元價值，在經濟資源的議題上存在不同的爭論，目前社會上亦出現嚴重的貧富差距問題，而一旦貧富差距的問題嚴重到一個地步，社會則開始出現暴力動亂，並摧毀民主社會的根基。而且，過於貧困的百姓，沒有足夠的經濟條件可以爲自己的權利保障發聲。羅爾斯的「差異原則」，雖然考慮到受益比最少的一群，但由於主張政府介入經濟制度的制定，故容易淪爲官商勾結或國家權力干預的問題，而儒家傳統中的「不與民爭利」（食國家俸祿的官員爲人民服務辦事，不能再以公權力介入商業運作而與民爭利）和漢代《鹽鐵論》所發展出來的「底線原則」（設下一道能支持公民實質享有自由平等的經濟條件的底線，落在這貧窮線下的人民，才需要受到社會扶助而擁有翻身的機會）以及讓在地市場經濟活絡的主張，正好是一套經濟調節的方案選項。關懷弱勢和減少困難，一向是儒家仁政的核心。⑲

第二，儒家強調故事調節在人際脈絡中的重要性，也就是重視每個人的「故事地位」，關於「故事地位」，鄧育仁教授解釋：

> 故事地位的基本要求：每一個人都有新啟一段故事情節，以及賦予或調節行動意涵的地位；沒

⑲ 關於儒學的「不與民爭利」與「底線原則」，參閱鄧育仁：《公民儒學》（臺北：國立臺灣大學出版中心，二〇一五），頁二三五－二八一。

有人是其他人的附屬，或只是別人生活故事裡的道具，而尊重一個人最起碼的要求是承認他新啟情節、調節意涵的故事地位。⑳

也因為承認每個人的故事地位，才會尊重每個人生活脈絡所構成的事物認知、價值取向和道德判斷之差異，而尊重是調節深度問題、有效溝通的起碼條件。儒家之所以重視每個人的故事地位，來自對人的生命關懷（惻隱之心）。不同的價值取向、文化認同，來自每個人的「生命故事」（生命的歷練、成長的背景、遭遇的經驗等）的不同，而儒家重視每個人的「故事地位」的傳承，卻可以在多元價值衝突的調節上有所助益。

儒學的「故事傳承」是當代多元社會的理論資源

鄧育仁教授在《公民儒學》透過儒學的「故事傳承」來結合羅爾斯的「民主傳承」，有他細膩且

⑳ 鄧育仁：《公民儒學》，頁五十一。

複雜的論證過程，沒有相關學術背景的人，不太容易掌握。爲了讓大家更加清楚明瞭，筆者在此用自己的方式重新詮釋、精簡鄧教授的論證，共分爲兩個論證。

首先，儒家重視每個人的「故事地位」，可以基於下面的論證，P表示前提，C代表結論：

P1：孟子主張「人皆可以爲堯舜」（《孟子．告子下》），意思是肯定每個人的價值，不管是什麼身分、地位、職業，都可以成爲如堯舜般有德之人，所謂的聖人，不是什麼高不可攀，而是跟你我一樣可能只是種田、勞作、倒垃圾、每天要討生活的人。

P2：社會上的富貴，孟子稱之爲「人爵」，而人格的富有（道德）則稱之爲「天爵」（《孟子．告子下》）。孟子認爲「天爵」比「人爵」更加尊貴、重要。

P3：要成爲有德之人（天爵），要能夠推己及人，乃至於推行仁政，也就是孟子說的「從不忍人之心到不忍人之政」（《孟子．公孫丑上》）。

P4：成就道德和實踐仁政，不是一蹴可就，必須經過各種歲月的歷練、人生的學習，儒家稱之爲「行遠」。如「任重而道遠」（《論語．泰伯》）、「行遠必自邇」（《中庸》）、「終身行之」（《論語．衛靈公》），因此每個人的各種階段的歷練、生活的經驗等，都是成爲有德之人與實踐仁政的重要條件。

P5：每個人不同階段的歷練、學習到的事物、接觸到的人際，會形塑他觀看事情的角度以及賦予行動不同的意涵。

P6：當一個人經歷不同的人生歷練、接觸到不同的人事物後，會有調節、轉變原本看待事情方式的可能；同樣的，當一個人調節、轉變原本看待事情的方式，也可能會影響到他日後遭遇到的各種人事物。這些情況就像故事中人物會遇到不同的情節，本身的行動也會開啟新的情節以及賦予情節新的意涵，這就是「故事地位」。

P7：既然每個人有不同的「故事地位」（包括儒者自己），而有德之人（天爵）要能推己及人、將心比心，那麼就要重視每個人的「故事地位」。（由P3和P6得出）

C1：儒家重視每個人的「故事地位」，不同人的想法、觀點都應該得到平等的尊重，這是成爲有德之人以及推行仁政的基本條件。

換言之，儒學公民的「終身」，是在民主社會中參與公共事務、關心社會，以此作爲一生的實踐，歷練成有德之人。進一步來說，「終身」的理念，是期許人立身在歷史傳承、人際網路以及自己一生的歷練中，體會生活故事的脈絡。

接著，儒家重視「故事地位」的傳統可稱為「故事傳承」，以此來結合西方「民主傳承」的論證，如下：

P1：當代民主的發展，已經產生了價值的多元問題，也就是各種良善價值的衝突。

P2：面對民主的多元問題，公民哲學的使命在於思考如何調節各種價值的衝突。

P3：要有效調節各種價值的衝突，平等地尊重每個人的政治地位、發聲權利以及觀看事物的角度是最起碼的溝通條件。

P4：羅爾斯提出的「公共理性」（public reason），恰是立基在平等的政治觀點來處理各種良善價值的衝突。

P5：儒家重視每個人的「故事地位」，本身就蘊涵了平等地尊重每個人的生命人格以及觀看事物的角度。

P6：在當代民主社會裡，脫離「皇權時代」的儒者，可以透過重視每個人的「故事地位」來理解、吸收西方民主傳承的自由平等的概念。

C2：在當代民主立憲的脈絡下，儒學可以轉化爲「公民儒學」，即可以成爲促進民主良好發展的公民哲學。

儒家的政治主張是以「關懷弱勢、減少苦難」爲核心，如齊宣王詢問：「王政可得聞與？」孟子回答：「老而無妻曰鰥，老而無夫曰寡，老而無子曰獨，幼而無父曰孤，此四者，天下之窮民而無告者。文王發政施仁，必先斯四者。」（《孟子．梁惠王下》）儒家會擔心生活在貧窮困苦底線下的人民，因爲社經條件的關係，失去實質的自由平等，或該有的政治地位被典當掉。對於這些弱勢的人，不應該只是施捨、經濟上補助或憐憫，而是在政治上賦予他們發聲和參與的地位。因爲參與政治或公共事務，也是重要人生歷練的一種。

透過上述兩個論證，我們可以了解到：每個人有每個人的故事，而這些不同的故事都能讓自己最終成爲有德之人，尊重每個人的「故事地位」是落實仁政的生命必經階段。而在參與公共事務中，面對各種歧見爭論，儒者會要求自己體會、重視每個人的「故事地位」，即使是弱勢族群，同樣也必須聆聽他們的故事。因此，在臺灣的民主社會裡，儒學的「故事傳承」可以結合西方的「民主傳承」以發展出提供一種調節「多元問題」的「公民儒學」。

結語

若臺灣能把傳統儒學放到培養現代公民的問題上，那麼相信臺灣的民主發展可以更加健全與良好。鄧育仁教授區分了「公共哲學」（public philosophy）和「公民哲學」（civil philosophy），前者側重對時事課題提出深入淺出的哲學分析與評論，後者注重在調節價值、觀點歧見的問題。他期許，公民報導、公共哲學與公民哲學，可以聯合民主的多元社會，耕耘出有助於公議與公德的文化土壤。

面向他者

遇到他者，我們是選擇「面對面」，
還是轉身逃離？

暴力如何發生在他者身上？
——《莊子》的批判與反思

> 以道觀之，物無貴賤；以物觀之，自貴而相賤。——莊子

當你從一棟公寓出來，看到有一些吃完的便當盒散落在路旁，而剛好這棟公寓最近有工程在進行，許多戴著工地安全帽的人進進出出，你當下是否會懷疑，是這些勞工吃完便當後沒有收拾乾淨？又或者，你家隔壁有一位年輕人大學畢業後，短短半年內換了好幾份工作，目前尚在待業中，這時候你會不會覺得現在的年輕人禁不起挑戰，不夠努力、無法吃苦，總是想要找事少、錢多、離家近的工作？

對「他者」的成見

我們看待事物的方式，往往被一套模式框限，而這樣的模式可能來自媒體的報導、社會的主流價值、學校灌輸的觀念、同溫層的想法等。這套模式幫助我們建立與世界互動的方式，同時也可能形成了某種成見而無法自覺。公寓路旁有散落的便當盒，很可能是野狗叼來的；大學畢業生找不到理想的工作，很可能是因爲整個社會環境使然。生活中的歧視、偏見、刻板印象的發生，更是表現在對不同文化、族群、階層的「他者」身上。舉身障者爲例，在西方十六世紀末，身障者經常成爲文學、戲劇筆下被醜化的對象，不是邪惡的象徵，就是到處爲惡的反派角色；他們甚至被視爲娛樂消遣的對象，如有所謂的「畸形秀」（Freak Show）。①

即便在現代社會，對身障人士的歧視依然存在。《莊子》提醒了我們，當我們只習慣用主流的價值來衡量別人的時候，對他人而言本身就是一種暴力，甚至突顯出自我中心的優越感。在《莊子．德充符》裡有一則故事：

① 王國羽、林昭吟、張恆豪：《障礙研究：理論與政策應用》（高雄：巨流圖書公司，二〇一二），頁十六—十七。

申徒嘉是一位斷了腳的人，他有一個同學叫子產。子產是一位當官的人，他們都是伯昏無人門下的學生。但子產並不想要與申徒嘉同席而坐。有一次，子產跟申徒嘉說：「我先出，則子止；子先出，則我止。」意思是說，若我先出去，你就停下腳步；若你先出去，我就停下腳步。但隔天上課，申徒嘉依然與子產坐在一起。於是，子產就責問申徒嘉：「我將出，子可以止乎，其未邪？且子見執政而不違，子齊執政乎？」意思是說，現在我要出去，你可否停下來呢？你看到我這位執政大臣還不懂得避開，難不成你把自己看成跟我這位執政大臣有相同的地位嗎？

申徒嘉聽了，說道：「老師門下竟然有這樣的執政大臣？你炫耀自己是大臣而瞧不起其他人嗎？我聽說『鏡子明亮就不會沾染灰塵，沾染灰塵就不明亮；常與賢人在一起，就不會有過失』（鑑明則塵垢不止，止則不明也。久與賢人處，則無過），你在老師門下求學修道，卻說出這樣的話，不是太過分了嗎？」

子產也不甘示弱，回應道：「子既若是矣，猶與堯爭善，計子之德不足以自反邪？」意思是說，你已經是這個樣子了（指申徒嘉已經跛腳），竟然還想要跟堯舜聖賢相提並論，不好好計算一下自己的德性、反省自己？

申徒嘉則說：「許多人難以接受自己的身體不完整，真正能夠安於命運的安排，唯有德者能夠做到。想當初，因為有健全的雙足而笑我身障的人很多，我聽了就非常生氣，但自從我來到老師的門下後，我的怒氣就全消了，那時還不知道是因為老師用善來感化我。我在老師門下已經十九年了，但老師他從來沒有感覺到我是一個斷腳的人，你與我是要共同學習形體以外的德性，卻以我的形體來評斷我，不是很過分嗎？」

子產聽了，馬上覺得羞愧。

古時候有一種酷刑，叫「刖刑」，會把犯人的單腳或雙腳砍斷。因此，在社會上出現斷腳的人，容易跟罪惡聯想在一起。子產身為大官，是上流社會的權貴，卻因為申徒嘉是斷腳的人而帶「有色眼光」來看待他，不但認為申徒嘉在社會地位上應該低人一等，甚至認為他的道德地位也不如一般人。他嘲笑申徒嘉，身體都已經不完整了，竟然還妄想要修德成道，與其同席而坐簡直是一種侮辱。

《莊子》透過這個故事，批判了像子產這類人看待他者的方式，不僅是申徒嘉，在《莊子》筆下，連孔子也犯了同樣的錯誤。因爲受到刑罰而被砍斷腳趾的叔山無趾，想要求學於孔子，結果一見面，孔子劈頭就說：「子不謹，前既犯患若是矣。雖今來，何及矣？」意思是說，你那麼不謹愼自愛，過去都已經犯下了錯誤，如今來請教於我，又怎麼來得及呢？《莊子》要告訴我們，即使是學問淵博、道德高尙的孔子，也難免犯下這種帶有成見的心態來看待他者的錯誤。②

自我主體看待他者的方式

一般來說，自我看待他者的方式，跟自我主體的形成有關，《莊子》稱之爲「成心」。一個人要確立自身的主體，就必須建立一套價值觀，並且在人生中加以實現，而這些價值也會構成自我的認同。如此一來，就會對世界產生是非的判斷，而那些不屬於我所認同的文化、價值，往往也容易遭到排斥與質疑，特別是那些超出想像、理解的他者。故《莊子・齊物論》說：「夫隨其成心而師之，誰獨且無師乎？奚必知代而心自取者有之？愚者與有焉。未成乎心而有是非，是今日適越而昔至也。」

② 《莊子》一書雖然有不少看似諷刺孔子的情節，但不表示莊子與孔子的思想是對立的，恰好相反，莊子以一種類似禪宗呵佛罵祖的方式來批判儒家，正是要補充儒家的不足或避免可能產生的流弊。楊儒賓教授甚至認為，莊子當屬於儒門，參閱楊儒賓：《儒門內的莊子》（臺北：聯經出版，二〇一六），頁一二六—一七一。

意思是說，誰不是依據自己的成心作爲評斷的標準呢？哪裡知道有人會以自己的成心來評斷別人呢？愚者就會有，沒有成心而有是非，那是不可能的。

《莊子》指出，「成心」的形成離不開過去所浸染、學習的一套「語言」，語言並非只發出聲音而已，而是會有特定的內容，這些特定的內容也會承載相應的價值。語言本身具有二元結構，當我們用一個概念來命名某事物或某個行爲時，符合標準則判斷爲「是」，不符合標準則判斷爲「非」，善惡、好壞、美醜、高低、強弱等的二元分判就會在語言命名下出現在我們的日常生活。進一步來說，不同的知識系統，其實是由不同的「語言」構成的，而這些語言背後承載的價值，容易形成對立。故《莊子・齊物論》才會說：「道隱於小成，言隱於榮華。故有儒、墨之是非，以是其所非，而非其所是。」儒家與墨家是春秋的「顯學」，這兩派的學說處於互相批評、對立的立場，在《莊子》看來，儒家與墨家都是以自己所肯定的價值來否定對方的價值。

若用現代的例子來看，有些理科背景出身的人，會看不起文科生。理科和文科是不同的知識系統，彼此的「語言」也有相當的落差，詩詞文賦的語言和數理邏輯的語言，背後承載的是不同的世界觀、人生觀、價值觀，當人們學習一套知識系統時，無形中就會吸收這套知識系統所承載的價值或認知世界的方式。一旦主體只囿於自身的知識系統或價值世界，無法跳脫自我本位的視角來看待其他不同文化、知識的他者，就會對他者產生「同一化的暴力」（identifying violence）。所謂的「同一化的暴力」，就是站在一個優越的姿態，以自我的價值來加諸在他者身上，一旦不符合我所認知的標準，就將之「分類」到較爲次等或冠以「不好」、「醜惡」、「弱小」等的名稱來加以定位。這也是《莊子・齊物論》所說的：「其分也，成也；其成也，毀也。凡物無成與毀，復通爲一。」因爲語言的命名而帶來的分類或分判，建構了一套認知系統，但也帶來了摧毀，世界萬物本身並不會將自己分類定位，那是人爲所賦加上去的標籤。

上述的討論，也能幫助我們思考爲何社會上會出現博愛座的「正義魔人」，當一個人把道德價值簡單劃分爲是非、對錯、善惡，同時又對博愛座的適坐對象侷限在特定的族群身上，凡不符合他所認知的適坐族群，就會輕易地用道德尺度來加以評斷、譴責。受到評斷、譴責的人，往往也會覺得自己被汙名化爲「不道德的人」。③

---

③ 值得注意的是，當我們使用「正義魔人」一詞，對當事人而言也是一種標籤。《莊子》提醒了我們，對於語言命名這件事，必須保持著敏銳的覺察和省思。

成爲「有用」的人就一定好嗎？

此外，社會的主流價值，最容易對他者造成壓迫、排擠。一旦社會主流標榜某事物或價值「有用」，那就意味著不符合標準的事物或價值就是「無用」的。《莊子・人間世》有一則故事：

有一個叫做「支離疏」的人，他身形怪異不全，臉部隱藏在肚臍裡，肩膀高過頭頂，髮髻指向天，五官朝上，兩條大腿和胸旁的肋骨連在一起。他幫人家縫洗衣服，足以餬口；幫別人篩米糠，可以讓十個人得到溫飽。政府要徵兵和徵役時，支離疏的身形條件因為不符合「正常人」的標準，因此得以豁免，甚至政府在發放糧食救濟貧困病厄的百姓時，他可以獲得三鍾米與十束木柴。最後《莊子》說，支離疏因為身形怪異不全，故可以養身而終其天年，更何況是「支離其德」的人呢！④這邊的「德」，要解讀為特定的價值形態，也就是說，我們要解構掉固定

④這則故事的原文為：「支離疏者，頤隱於臍，肩高於頂，會撮指天，五管在上，兩髀為脅。挫鍼治繲，足以餬口；鼓筴播精，足以食十人。上徵武士，則支離攘臂而遊於其間；上有大役，則支離以有常疾不受功；上與病者粟，則受三鍾與十束薪。夫支離其形者，猶足以養其身，終其天年，又況支離其德者乎！」

的價值成見，只要不被特定的價值形態綑綁，才能夠成為一個真正逍遙自在的人。

對一般人來說，完好的身體，象徵著健康、莊重、威嚴，因此要時時保持符合社會禮儀標準的身體才是價值之所在，這才是「有用之軀」，但《莊子》跳脫這樣的框架，反而用另外一個角度提醒我們，某種看似「無用」的東西，未必眞的「無用」，有時候反而可以成爲另一種「大用」。對此，《莊子》感嘆：「人皆知有用之用，而莫知無用之用也。」現代社會的主流價值要求我們成爲「有用」的人，其實是要我們成爲一個會賺錢、有權力、有地位的人。在這樣的價值主導下，生命處於一種不斷追逐金錢、權位、名譽的拚搏過程，而爲了達到目的，生命必須日夜盤算、衡量各種利益的關係，甚至與他人鬥爭。這樣的一種存在狀態，《莊子》描述爲「其寐也魂交，其覺也形開，與接爲構，日以心鬥」、「終身役役而不見其成功，苶然疲役而不知其所歸，可不哀邪！」用所謂「有用」的單一價值來加諸在他人身上，可以說是「物化他者」，與此同時，也是一種「自我物化」，即把自我看成是不斷攫取利益的工具。

由此來看，符合社會大眾眼光的事物，對當事人而言不見得是最好的。若我們都只用主流的價值來衡量、看待他者，對他者而言，無異於將暴力加諸在他們身上。有時候，言語、眼光的汙名化和蔑視，是更爲傷人的暴力。

結語

如果說，「他者」（other）是一個被醜化、排斥、邊緣化的身分定位，⑤那麼「他者化」（othering）就是一種不斷製造他者的過程。《莊子》對於自我主體如何導致他者的「同一化暴力」有深刻的反思與批判。這樣的批判，來自對他者的生命關懷。《莊子》所關懷的他者，很多都屬於文化的邊緣人或社會底層的人士，但這些脫離社會「正軌」的人物，往往也是體道者，他們或對主流的文化分子有所嘲諷，或對上位者的認知有所轉化，又或者行徑怪誕不羈，但他們的生命卻是最接近「道」的狀態。

《莊子》之所以能夠如此看重不同的「他者」，源自他對「差異」的肯定。在當代社會，被「他

⑤在當代的學術討論裡，「他者」的議題所牽涉的層面相當廣，「他者」不一定都是貶義的。但在現實社會裡，「他者」經常被形塑為一種「被否定」的形象。

者化」的人，有黑人、猶太人、貧窮者、勞工、外籍新娘、女性、老人、病患、身心障礙者、同性戀者等，這些他者的「差異性」，應該要獲得倫理地位上的承認（recognition）。

人類的存在狀態如何被扭曲？
——談霍耐特對「物化」他者的批判

所謂承認的態度，就是肯認其他人或事物在我們生命開展過程中所具有之意義。——霍耐特（Axel Honneth）

二〇一八年五月，景美國中的段考題上的遣詞用字被指出具有「物化」女性的嫌疑，當中也遭受不少的批評。「物化」（reification）一詞，在使用上帶有負面的意思，通常應用在女性被當作工具、商品來看待。在哲學上，「物化」是一個重要的議題，其涵蓋的範圍更爲廣泛。簡單來說，「物化」指涉了一種扭曲人類存在狀態的實踐形式，即把人當作物來看待。這不僅發生在女性身上，也很可能出現在日常的人際互動關係上。

在當代哲學中，德國哲學家霍耐特（Axel Honneth）藉由「承認理論」（theory of recognition）來探討「物化」的概念，相當細膩深刻。本章主要透過他的一本重要著作《物化：承認理論探析》來對「物化他者」的概念進行分析與批判。

「物化」作為社會哲學重要的議題

依據霍耐特的觀察，在二十世紀初的德國，「物化」是社會文化批判的重要概念和議題，反映了社會上普遍瀰漫著功利計較的思維以及對他人的冷漠態度。不僅是人與人之間，即使是珍貴的物，亦被當作工具或商品來看待。在當時的討論氛圍下，「物化」的意思近似「商品化」，它可以是分析與診斷社會病症的一個概念。一九三二年，盧卡奇（György Lukács）在《歷史與階級意識》正式提出「物化」的概念，他認爲「物化」是資本主義對人類社會扭曲的實踐形式。

然而，二戰之後，社會理論學家與哲學家大多檢討納粹屠殺的民主與正義的問題，不再討論社會「物化」的議題。不過，時至今日，霍耐特觀察到四個現象，或可反映出「物化」的議題再次成爲社會文化的焦點：⑥

⑥ 霍耐特著、羅名珍譯：《物化：承認理論探析》（上海：華東師範大學出版社，二〇一八），頁七—十一。

第一個現象是許多中長篇小說的文風和詞彙都揭示出社會上的人，彷若無生命般、毫無感受地面對自己和他人。

第二個現象是許多文化社會學與心理學研究發現，人的主體會基於利益損害的考量而假裝自己擁有感受和願望。也就是說，人的情感和願望是爲了趨利避害而服務的。

第三個現象是倫理學或道德哲學會探討「物化」的概念，在這個脈絡下，「物化」牽涉到規範的意義以及許多倫理的議題，它被視爲是損害道德或倫理原則的行爲。

第四個現象是認知神經科學對人類大腦的研究結果以及相關的社會批評，大腦的研究結果被視爲是一種隱含「物化」的態度。這些批判指出，抽離實際的生活脈絡以神經元來解釋人類的情感經驗與行爲的意圖，都是把人類視爲一種沒有主體經驗的機械或物。

盧卡奇採取馬克思的定義，所謂的「物化」是指「人與人之間的關係具有物之性格」。不過，盧卡奇所談的「物化」，主要是「商品化」。嚴格來說，「商品化」是「物化」的一種。「物化」是指採取情感中立的認知模式來看待他者，也就是以一種冷漠、旁觀的態度來看待他者。「商品化」除了有把他者看成「物」的意思之外，還突顯出一個重要的面向：把他者看成一種商品的利益關係來加以衡量。在這個意義下，人際的交往建立在利益衡量的基礎上，他人對我而言僅僅只是一種可以獲取利益的工具而已。

對盧卡奇而言，「物化」不是一種認知範疇的錯誤（即錯誤地把「人」歸爲「物」的範疇），也不是一種倫理原則的違反，而是一種錯誤的實踐形式。「物化」的實踐形式，是由於資本社會中商品交易的普遍化，導致了人類習慣以一種商品交易的模式來看待生活周遭的一切，包括身邊的親朋和物品。換句話說，長期的習慣看待模式培養了一種「物化他者」的錯誤態度。在這樣的一種錯誤的社會實踐下，人對他人、周遭生活不再涉入太多的情感，反而是用一種冷靜的、旁觀的姿態來看待他人與周遭生活，故造成社會上的人際關係出現了嚴重的疏離。

對於資本主義社會產生的情感疏離問題，心理學家佛洛姆（Erich Fromm）的分析可以補充盧卡奇的觀點。佛洛姆指出：

> 要討論疏離的問題，必須先談資本主義的一個基本經濟特點，即數量化與抽象化的過程。……現代的商業，無法像過去工匠那樣，以具體而直接的觀察，盤算他的盈利。原料、機器、勞工價格以及產品，都能以同一的金錢價值來表示，因此，在收支平衡表上是可加以比較的，也適於記在收支表上。所有的經濟活動，都必須能夠以數量表示，而唯有收支表能告訴經理，他所

做的生意是否賺錢，賺了多少，賺錢的生意對於他才是有意義的商業活動。⑦

以最小的成本獲取最大的利益是資本主義的基本精神，因此數量化與抽象化的思維是一個商業家賴以衡量經濟利益的基本思考模式。但佛洛姆更爲深刻地指出這種數量化的過程不會停留在經濟活動，甚至會過渡到人的日常生活，包括人與自己、人與物以及人與人的關係。這種現象在八十年代後注重科技與商業發展的臺灣也是相當普遍的，在資本主義的侵蝕下，一切價值都可以換算成金錢來加以衡量，生活周遭的一切都能夠數據化、數量化，包括一個人的工作能力、成就、地位、名譽等，甚至藝術作品也免不了成爲金錢的奴隸，這種計算性思維也逐漸滲透到人際關係裡，人與人之間因爲利益關係的計算而變得複雜。

霍耐特指出，人以冷靜的、情感中立的旁觀者態度來看待他人和世界，可稱之爲「旁觀者觀點」，這樣的一種「觀點」往往成爲人與人之間溝通的障礙。對比之下，「參與者觀點」則是強調人類的主體是參與著社會生活的，並且能夠設身處地站在對方的觀點來思考他人的想法、企圖或行爲。

⑦佛洛姆著、陳琍華譯：《健全的社會》（臺北：志文出版社，一九七五），頁九十五－九十六。

而疏離的旁觀態度則會造成人際活動中理性的聯繫斷裂，使得雙方無法理解彼此。因此，在對他者行爲的理解上，參與者的觀點具有生活實踐的優位性。⑧

「承認」的實踐形式

對於認識主體能夠在毫無涉入情感的情況下中立的、客觀的掌握世界，德國哲學家海德格（Martin Heidegger）也提出批評。海德格認爲，世界是不斷向主體開啟意義的過程，也是人類實踐的領域，人類與世界具有「相連的存在結構」，這樣的存在結構稱之爲「掛念」（Sorge）。海德格提出的，是一種與世界「共感參與」的實踐方式，霍耐特補充說：「在此種關於人類行動的預設中，主體不只是中立地將外在現實視爲認知客體，而是帶著存在之關注（existentielle s'intéresse）將自身關聯於世，而外在世界也會就實質的意義向人開啟。」⑨

⑧ 霍耐特著、羅名珍譯：《物化：承認理論探析》，頁四十三—四十四。

⑨ 霍耐特著、羅名珍譯：《物化：承認理論探析》，頁三十七。

霍耐特認爲，盧卡奇與海德格的實踐概念，都強調一種「掛念」與「共感參與」，但跟上述提到的「參與者觀點」有一點不同：掛念與共感參與雖然包含了從他者的觀點出發，但還多了情感涉入。換言之，不僅僅只是用認知、理性的方式認取他者的觀點，而是包含了情感上肯認他者的態度。對此，霍耐特建議使用源自德國哲學家黑格爾（Hegel）的「承認」（Anerkennung）來取代海德格的「掛念」，他透過美國哲學家杜威（John Dewey）主張的一種行動主體之整全經驗來說明「承認」的概念。

依據杜威，人在與外在世界互動經驗裡，會展現一種獨特的原初質性，在這樣的一種整全經驗裡，無法將情感、認知、意志區分。也就是說，在最初的經驗裡，人的行動是以一種相互關聯、整全的、澈底投入、參與的肯認態度來聯繫自己與世界，霍耐特稱之爲「承認」：

> 我將會把這種聯繫自我與世界的原初形式（ursprüngliche Form der Welt bezogenheit），稱之為「承認」；關於這個概念，暫時我只強調一點，就是當我們在行動中建立起自身與世界的聯繫時，最初並不是採取情感中立的認識態度。相反地，伴隨我們的行動的是一種肯認的、具有存在意義的關心掛念；我們自始就必須時時承認接受周遭世界有其自身內蘊的價值，也正因

其身有價值，才會使我們對自己與世界的關係感到掛念擔憂。就此而言，「承認」概念在最根本的層面上，不僅跟杜威「實踐之投入」、也跟海德格的「掛念」及盧卡奇的「共感參與」有著同樣的思路，即，人類對周遭世界所抱持的存在之關注具有一種先在性，並在我們對萬物自身意義與價值之經驗中得到滋養。所謂承認的態度，就是肯認其他人或事物在我們生命開展過程中所具有之意義。⑩

「承認」既然是聯繫自我與世界的原初形式，那麼良好的實踐、未被扭曲的形式應該是自我與他者、世界處於共感、參與其中的關係，唯有在情感上已經涉入其中、對他者的情感能夠有所回應，才能夠眞正了解他者。就此而言，比起客觀化的認知模式，承認具有優位性。

⑩ 霍耐特著、羅名珍譯：《物化：承認理論探析》，頁五十—五十一。

「物化」是「對承認之遺忘」

在最根本的原初關係上，人對他者、外在事物是承認的實踐形式，但隨著市場化、商品化的思維，在社會上人們逐漸將他者物化。霍耐特認爲，「物化」不僅僅只是在情感上中立、以客觀的態度來觀看人事物，而是遺忘了承認具有優先性的關係，⑪他以「對承認之遺忘」來重新界定「物化」的概念：

> 我想要以這種「遺忘」或「失憶」，作為重新界定「物化」概念最重要的關鍵：一旦我們在認識的過程中遺忘了認識活動自身其實有賴於對他者採取承認的態度，我們便會發展出一種傾向，將其他人僅僅視為無感受之客體。此處我用「純然的客體」、甚或「物」這些概念所要表達的是，在遺忘與失憶中我們也失去了原有的能力，我們不再能不假思索直接理解，他人的行

⑪ 需要釐清的是，以情感中立化、客觀化的認知來看待事物有其重要性，如警察在凶案現場搜尋證據、從事數據化、量化的統計研究或進行科學實驗的活動等，都不應該帶入個人主觀的情感。但若僅僅把一切人事物推到外在客觀的角度來加以看待、研究、觀察、思考視為唯一有效的認知，忽略了在存在上人與世界的關聯、共感和參與，則會落入「物化」的窠臼。

為表達是在要求我作出回應；儘管在認知上我們確實仍有能力覺知人類的各種表達，但我們卻缺少一種緊密相繫的感受，而唯有此種感受能使我們被所覺知之事物感染打動。⑫

霍耐特強調，「對承認之遺忘」並不是完全在意識上澈底遺忘了承認，而是對承認的「注意力弱化」，就像把「承認」慢慢地退入到背景中而從視野中淡出，行動者不再注意到認識活動的可能性其實是奠基在承認的優位性上。他指出，造成對「承認」注意力弱化的原因有二，一種是行動者之內在條件所決定的，被主體所認知的對象在某個面向的目的被過度強化了，如過於或只把焦點放在對某人在市場上的價值（如在奴隸制度下，健壯身體的人可以賣到好價錢），而忽視了他更爲原初的存在意義：他生而爲人的人格特質。另一種原因則是外在條件決定，包括社會上存在的偏見、僵化思維、追求功利化的價值等，這些外在條件會影響很多人選擇性地對某些社會事實採取特定的詮釋、理解傾向，以至於失去了對他人存在之關切。⑬

⑫ 霍耐特著、羅名珍譯：《物化：承認理論探析》，頁九十－九十一。

⑬ 霍耐特著、羅名珍譯：《物化：承認理論探析》，頁九十二－九十四。

上述的兩種原因，都是導致社會上發生物化他者的過程。換言之，要避免物化他者的發生，關鍵在於要承認他者，即注意到自我與他者是一種共感參與、涉入其中的實踐形式，並且在認識上具有優位性。也唯有能夠在情感上可以感受、回應他者，才能夠眞正了解他者，這樣的關係模式是一種非化約的實踐模式。

結語

一般在社會學的界定，所謂的物化他者是指把他者化約爲非人的存在模式（如物或商品），但霍耐特則把承認理論放進來，以「對承認之遺忘」來界定「物化」，一方面對物化的概念進行了更爲深入的分析與批判，一方面則指出承認他者的重要性。特別是與他者互動與溝通，不僅僅是需要理智的、客觀的採取他者的視角，還必須感受到他者的情感。只有在感性與理性上都參與到他者的世界，經驗到他者對我的生命展開過程所具有的意義，以一肯認的態度來遭遇他者，眞正的理解才能得以實現。

德希達的「解構哲學」會如何關懷全球難民、移民問題？

——談解構式的正義

解構是正義。——德希達（Jacques Derrida）

長期受到批判的歐陸哲學

「立場新聞」的哲學版有一篇文章：〈分析哲學與歐陸哲學的斷裂〉，⑭文章作者提到，他本身是研究歐陸哲學的，但友人卻詢問他爲何經常寫分析哲學的文章，他的解釋是：「倒不是說歐陸哲學比分析哲學難，而是歐陸哲學的陳述不如分析哲學清楚，因此不太適合發表於這樣的公共平臺上；講得少了會顯得玄虛，講得多了卻又會多出一些我並不想傳達的訊息，要寫得剛剛好必須花費偌大的功夫。」

⑭ 立場新聞在二〇二一年十二月停運。

這個回答可謂一針見血，在公共平臺撰寫哲普文章，篇幅不能太長，而且表達要簡易明瞭、生動有趣，在此條件限制下，要把歐陸哲學清楚完整地介紹，其實是有相當的難度。在學術上，歐陸哲學也經常受到分析哲學的批判，特別是後現代主義與解構主義（後現代主義深受解構主義的影響），這些理論不只是因爲語言晦澀難懂，更重要的是在思想內容上，對於理性和眞理的批判，容易導致人們對理性和眞理（或眞實）的不信任，甚至認爲不存在眞理，只有詮釋。如麥金泰爾（Lee McIntyre）在《後眞相》一書，就認爲後現代主義是「後眞相」的幕後推手之一。解構主義大師法國哲學家德希達（Jacques Derrida）在一九九二年獲得劍橋大學頒發榮譽博士學位時，就曾受到許多學者連署反對，包括美國知名哲學家奎恩（Willard Quine）。

這些批判是否有道理，自然可以有更多的討論，但至少要先理解歐陸哲學關心什麼問題，是否有重要的哲學洞見？本章聚焦在以德希達爲代表的解構主義，去探問：解構哲學會如何思考倫理政治？對當代的民主政治有沒有重要的啟發？

在進入德希達的政治思想之前，首先要先理解他的「解構」和「延異」。

「解構」的核心在於批判權力中心

不只是哲學領域，德希達對文學、藝術也影響甚深，很多當代文學理論都會介紹德希達的思想，特別是他對「邏各斯中心主義」（Logocentrism，又譯爲「理體中心主義」）和「語音中心主義」（Phonocentrism）的**解構**（déconstruction）。德希達對「語音中心主義」的批判，主要是針對索緒爾（Ferdinand de Saussure）的符號學理論。索緒爾被認爲是現代語言學理論的開創者，爲「結構主義」奠定了基礎。由於篇幅關係，本章不特別對「語音中心主義」多做分析，僅把焦點放在「邏各斯中心主義」。

德希達指出，自柏拉圖到海德格，整個西方哲學以單一系統的方式探討「存在」（Being）的意義，並試圖尋找「根本」（fundamental）、「本質」（essence）、「原理」（principles）、「中心」（center）、「超越」（transcendental）的概念。在這些詞彙的背後，反映了二元對立的結構：主體／客體、本體／形式、眞實／表現、自然／文化等，在這幾組的二元概念裡，前者被視爲是本質、超越的，後者則顯得較爲次要。⑮這種追尋眞理的模式，背後預設了一個形上學的「中心」

⑮德希達著、張寧譯：《書寫與差異》（臺北：麥田出版，二〇〇四），頁一七五—一七六、頁五四八—五五六。

概念，即是德希達所要批判的「邏各斯中心主義」，他試圖解構這樣的單一系統下二元主次位階的觀念。

解構的精神，不在於否定眞理，而在於解構知識話語背後的權力結構，那是一種對權力的質疑、批判和抵抗，如同德希達接受學者張寧採訪時所說的一段話：

> 解構的責任自然是盡可能地轉變場域。這就是為什麼解構不是一種簡單的理論姿態，它是一種介入**倫理及政治轉型的姿態**。因此，也是去轉變一種存在霸權的情境，自然這也等於是去轉移霸權，去叛逆霸權並**質疑權威**。從這個角度講，解構一直都是對**非正當的教條、權威與霸權的對抗**。⑯

在這段話裡，有兩個重要的訊息：第一，解構不是反對知識或眞理，而是對知識或眞理背後的權力中心、權力結構提出深刻的反思與批判，又稱之爲「解中心」（décentrement）；第二，解構哲學

⑯ 德希達著、張寧譯：《書寫與差異》，頁一七五—一七六、頁二十一。粗體為筆者所加。

不只是適用在語言學、文學、藝術領域，也能運用在倫理與政治上。

何謂「延異」？

對德希達來說，任何眞理的表述都離不開語言，而一套語言本身會有一套分類的系統來區分各種概念，以幫助我們去理解、掌握這個世界，但與此同時也會限制了我們的思考。當我們爲某個概念下了一個明確的定義後，通常會認爲這個定義就是該概念的本質屬性，凡是不屬於這個定義的事物，都被排除在外。如我們把「好學生」定義爲「聽話且成績優異的學生」，那只要不是聽話或拿不到優異成績的學生，很自然會被歸類爲「不是好學生」。

德希達所提出的解構，就是試圖賦予語言更多的**意義和可能性**，不要限制在單一系統，他說：

> 在某個特定時刻，我曾說過如果要我給「解構」下個定義的話，我可能會說「一種語言以上」。哪裡有「一種語言以上」的體驗，哪裡就存在著解構。……**這種語言多樣性正是解構所**

專注與關切的東西。⑰

爲了充分展開語言的多樣性和差異性，德希達提出了**延異**（différance）的概念。依據國立中山大學哲學所洪世謙副教授的解釋，「延異」包含了「延遲」（différer）和「差異」（différent），即在時間上的延遲而開展出更多的差異。可以把「延異」看成一個不斷展開差異化的運動，以補充語言在原本的結構中所不具有的意義，甚至是該語言原本所排斥、與之對反的語意。⑱

德希達在一九九〇年之後，將「延異」的概念運用在政治上，並透過「好客」、「友愛政治」等概念來思考正義與民主的問題，故有人認爲晚期德希達有一個「倫理轉向」或「政治轉向」，但德希達否認這一點，他表示，對倫理政治的思考在過去一直都存在，思考「延異」和思考政治總是同一件事。德希達的政治哲學和倫理學密不可分，他的倫理學深受法國哲學家列維納斯（**Emmanuel**

⑰ 德希達著、張寧譯：《書寫與差異》，頁二十九。粗體為筆者所加。

⑱ 參閱洪世謙：〈疆界民主化——解構哲學式的思考〉，《臺灣政治學刊》第十九卷第一期（二〇一五年六月），頁七十九—八十。洪世謙先生長期研究法國哲學，不但用非常清晰的語言來詮釋解構主義中某些艱澀的概念，而且將解構哲學融入當代重要的政治議題，甚至帶領學生參與在地實踐。

Lévinas）的影響（列維納斯的倫理學和政治哲學也是密切關聯的），其政治哲學充分肯定差異和他者。

如何重新思考「民主」？

從歷史發展來看，很多國家轉型爲現代民主國家，背後都有民族主義（nationalism）的力量來支撐，依據英國哲學家蓋爾納（Ernest Gellner），民族主義是一群特定的人追求建立自己國家（state）的思潮，有了國家之後，這群人被稱爲「民族」。[19]國家主權也跟領土疆界有直接的關係。在同一個領土疆界的公民，即使有不同的血緣、宗教、階級，但都屬於同一個「民族」，並被賦予了公民權，彼此形成一個**共同體**。然而，德希達指出，隨著自由市場帶來的全球化，民族國家、疆界、領土、公民身分等的概念所形成的共同體，卻成爲了種族衝突與暴力的來源。誠如洪世謙先生所言：

---

⑲ 參閱蓋爾納著、韓紅譯：《民族與民族主義》（北京：中央編譯出版社，二〇〇二），頁一—十。

德希達清楚地指出，由市場全球化所建立的「新世界秩序」，以一種新霸權的形式宣傳著福音，但實際上卻帶給我們十種災難，其中最嚴重的便是自由市場帶來更多**無家可歸的流亡者、無國籍者或者被驅逐、放逐的移動者**，公民參與和民主生活的權利受到剝奪，以及由古老的幻覺：一種共同體、民族——國家、主權、疆界、領土、血緣的原始概念的幻覺所驅使的種族戰爭日益加劇。[20]

若放眼今天，不只是全球化的問題，前幾年爆發的歐洲難民潮，也加深了歐洲各國的公民與難民、非法移民的衝突。數以萬計的中東難民進入到歐洲，不同的文化、宗教、種族，對整體社會帶來了很大的衝擊，許多社會問題亦隨之產生。如社會需要投入龐大資源安排難民住所，提供健康飲水、食物、教育、醫療和工作機會等，該社會的公民也得忍受、適應難民的生活方式和文化價值觀。對於陌生的外來者，很多人也會心生恐懼和排斥，又或者基於不了解、誤解而用自己的主體意識來同一化這些外來者。

⑳ 洪世謙：〈疆界民主化——解構哲學式的思考〉，頁六十五。粗體為筆者所加。

一般來說，當一個國家的公民與難民、移民出現緊張關係，很多人會認爲國家政策應該以公民爲優先考量，如不再收容難民或要求難民改變生活文化以適應新的社會。更甚者，會將偷渡而來的難民、非法移民驅逐出去。不僅歐洲難民潮，自緬甸爆發了驅逐和血腥清洗羅興亞人事件後，數以百萬計的羅興亞人被迫逃到孟加拉，過去有一艘載著二百九十七名羅興亞人的漁船從孟加拉出發到東南亞，因爲被泰國和馬來西亞拒絕收留而繼續往南漂流到印尼，他們在海上漂流了六個月，大部分人都脫水和挨餓，其在船上的苦難生活，在國家主權觀念下遭到冷漠對待。

對德希達來說，一個社會的「共同體」對「外來者」的排斥，建立在公民／非公民、內／外的二元區分之基礎上，這樣的區分跟上述提及的「邏各斯中心主義」有很大的關係。誠如上述所說，西方哲學有很多重要的概念，大體上是以中心和邊緣的二元關係所建構出來的，包括現代的「民主」概念。現代的民主國家，具有民族、主權的意識，由此所建立的公民／非公民、內／外的二元區分，公民、國內人處於**中心**的位階，而非公民、外來者則被排斥在**邊緣**的位置。爲了解構「公民」的單一語意，他提出了「將臨的民主」：

他（按：指德希達）認為民主如同一種承諾，這樣的承諾不意味著建立了某種在國家架構下的

> 民主制度或未來的民主形式，而是意味著民主持續不斷地在思考之中而永遠處於尚未到來。換言之，「將臨的民主」將超越民族國家的主權概念，然這並不意味著我們要取消主權國家，而**是指對於主權有不斷介入、變革、創造和新的分享方式**。在此條件下，公民身分將不再只能以單一意義下的主權國家為區分，而是它為任何「到來者」（l'arrivant）提供了**無條件好客的條件**，而非將「到來者」推向警察化民族國家的邊境。㉑

上述這段引文，有兩個關鍵的概念：「將臨的民主」與「無條件好客」。「將臨的民主」的「將臨」（à-venir），指向了**民主的未完成性**，也不會有完成的一天，因此總是需要不斷透過介入、變革、創造來打開更多的**可能性**與**開放性**。德希達將「延異」應用到「民主」的觀念，試圖解構過去民主觀念下對「公民」的界定與劃分，這樣的工作必須持續進行，永遠不會有完成的一天，正因爲不會有完成的一天，所以總能不斷打開更多的可能性。

值得注意的是，在德希達的政治思想中，「民主」不是一個法律或社會制度的概念，而是一個永

㉑ 洪世謙：〈疆界民主化——解構哲學式的思考〉，頁六十七—六十八。粗體為筆者所加。

遠處於尚未到來（將臨）的承諾。

何謂「無條件好客」？

解構僵化、封閉的「民主」概念，以挖掘民主的「延異」意義，是爲了對陌生的到來者展現出「無條件的好客」（l'hospitalité inconditionnelle）。關於「無條件好客」，德希達區分了「邀請」（inviter/accueillir）和「到來」（arriver），「邀請」是指你已經清楚知道的他者，他的到來是要接受你的條件，而「到來」則是不請自來、完全陌異的他者。依據洪世謙先生的解釋，「到來」的他者不只是非法居留者、偷渡者、街友或難民，他甚至無法被命名，完全在主體的經驗之外，這樣的他者會不斷對主體提問，使得主體放棄主人的位置（主權），並且重新反省自身。這樣的反省，也使得主體走出自己的舒適範圍，接待他者。㉒

德希達的「無條件好客」，跟他主張的「好客的倫理」（l'éethique de l'hospitalité）是一致

㉒ 參閱洪世謙：〈疆界民主化——解構哲學式的思考〉，頁六十八。

的。傳統上對於「他者」或「好客」，都是依據國家法律和契約來界定的，這樣的他者，依然是透過主體來辨識的，並不是眞正的他者，這樣的好客，是有條件的好客。德希達所強調的「他者」，是主體遭遇之外、不可思考、難以定義的，他的出現甚至會讓主體不知所措。若接待他者是主體所熟悉、符合預期、會帶來舒適感的，那就不叫做「無條件」了，「無條件好客」是具有一定的難度。很多時候，對於那些我們主體無法辨識、命名的他者，我們會因為恐懼而心生排斥，甚至會因為不理解而加以歧視、汙名化。但也正因為有這一層「陌異性」，恰好可以打斷我們固有的思維與觀念，打開了一個機會讓我們放下主體意識而好好理解這些外來者。

如洪世謙先生說：「當這種他者出現時，主體或許會手足無措，然而正好是這樣的騷亂，才讓主體不再只是從主體出發去認識、定義他者，主體會開始願意傾聽，放棄自己的主體主權，走出自己的主體界線，主體因此看到和尊重他者，也因此主體成為開放的主體，將自己交付給他者，讓他者引領主體跨越主體界域。」㉓

放下主權並迎向他者，表示出無條件的好客，正是德希達主張的「友愛政治」。他對特定的民

㉓ 洪世謙：〈疆界民主化——解構哲學式的思考〉，頁七十三。

主形式採取解構的態度，特別是對民族國家的主權觀念和公民身分進行懸置（epoché），試圖增補更豐富的意義，突顯出一種跨越主權疆界的公民身分。所謂的「懸置」，就是把某個詞彙原先壁壘分明、具有明確所指的意思先擺放在一邊（或懸掛在一邊），不要受其影響，然後再試圖尋找更多的可能性意義。但這並不意味著原先的意思要被抹除，而是補充、豐富化其意義。

深受德希達影響的巴禮巴（Étienne Balibar），用「延異」的概念來詮釋疆界，他認爲疆界具有多種可能性和異質性，而且不斷進行演變，無法用特定的歷史或國家來限定其面貌。疆界容許多重定義，重點在於透過政治行動，抵抗國家法律、制度所界定的公民身分，並由此打開一個公共參與的政治空間。疆界就是這樣的一個空間，空間的成員、範圍和意義都是多重決定的，過去被社會邊緣化的街友、流浪者、乞丐、移民、難民，都不再被排斥、犧牲、淘汰，這樣的一種政治行動，巴禮巴稱之爲「疆界民主化」。[24]用很簡化的話來說，即過去的疆界「不夠民主」（至少不夠符合正義的民主），那我們採取政治行動，使疆界的概念更加民主化。因此它是一個動態、不斷趨向民主的過程。

就解構哲學來看，很多的政治概念，如民主、民族、國家、主權、公民等，一旦以封閉、僵化的

㉔ 參閱洪世謙：〈疆界民主化——解構哲學式的思考〉，頁七十三—七十六。

概念來理解，則往往會造成對他者的壓迫和暴力，而解構這些單一語意系統的概念，正是要重新思考一種社會正義，對陌生他者展現「無條件好客」與「友愛」，不妨將這樣的正義稱之爲「解構式的正義」（德希達曾說：「解構是正義。」）。

結語

「解構式的正義」在當代的民主社會，具有重要的啟發意義，即使在臺灣，亦格外重要，洪世謙先生的一段話，值得好好一再思索：

隨著全球化，近年來越來越多國際移工、跨國婚姻及外籍幫傭、看護參與了臺灣社會（甚至包括難民和無證者）。若我們承認這是一個全球化的世界，這些「他者」其實是「我們」。這些國際移動者不再僅是單純的外國人，不應再被視為外來者，而是與我們共同生存在同一個空間的人，且由於他們所帶來的差異文化既改變了臺灣的社會結構，**亦讓臺灣逐步地擴大、深化了文化疆界，構成了臺灣主體多重、異質與流變的豐富樣貌**。我們其實是在家園內遭遇了陌生人

而非外國人；因此，若要尋找臺灣，尋找「我們」，就必須在這些陌異者中重新尋找、認識我們。㉕

放下主體意識，展現出友愛，用心去傾聽社會上的外籍配偶、移工、街友、難民、無證者的生命故事，正是臺灣社會需要的，他們在臺灣的生活，也豐富化了臺灣社會的多元面貌。由此來看，解構哲學並非一派胡言或盡是表達出曖昧不清、語意不詳的學說，而是具有當代意義的哲學，值得我們好好探索。

㉕ 洪世謙：〈他者的主體：跨個體的公民身分〉，《中山人文學報》第四十七期（二〇一九年七月），頁一。粗體為筆者所加。

殺人犯與聖人只有一線之隔？

——《我們與惡的距離》所引發的哲學與心理學之思考

魔外無佛，佛外無魔，亦是一魔一切魔，一佛一切佛。——知禮

由臺灣公共電視推出的影集《我們與惡的距離》（以下簡稱《與惡》）佳評如潮，曾入圍第五十四屆金鐘獎十四項大獎。影劇內容反映臺灣社會的現實，牽涉了媒體、司法、精神醫學、社工、心理諮商等各領域的重要問題。劇情峰迴路轉，扣人心弦，後勁十足。整部影劇有兩條主軸線，一條是李曉明的無差別殺人事件，而另一條則是患上思覺失調症的應思聰如何與家人相處，並可能成爲罪犯。

關於這部影劇，目前已有不少文章從法律、醫學、媒體、社工等的角度提出精湛的分析，而本章關注的焦點是，如何從哲學與心理學的視角探討《與惡》所帶出的深層問題。《與惡》所思考的核心問題爲：「我們與惡的距離有多近？」這觸及到了天台宗佛學對於人性中關於「惡」的思考，特別是

「修惡」的概念。本章將從這個概念出發，進一步探問：何謂善惡？汙名化他者的人心源頭是什麼？面對隨機殺人的罪犯，社會急於判死刑的背後透顯了什麼問題？我們又該如何面對這些問題？而這些思考，也是這部劇名之所以耐人尋味的原因。

你、我是如何成為社會共犯的？

李曉明在戲院無差別開槍射殺觀眾，引起社會的軒然大波。影劇一開始，新聞報導李曉明已經被判死刑定讞，為其辯護的人權律師王赦，正走出法院，在接受媒體訪問時，突然遭到死者家屬潑糞，現場記者紛紛按下快門。這則新聞放到Facebook後，網民對王赦不堪入耳的許多留言，獲得數千個讚。更有人製作慢動作的圖片，放上「含屎噴赦」的字樣來加以嘲諷。

網路言語的暴力充斥在我們的周圍，當社會上對李曉明的行徑深惡痛絕、意欲除之而後快時，王赦選擇用「罪犯也有平等人權」的方式來看待李曉明，更重要的是，他極力為李曉明爭取法律上的最大權益，背後的動機是為了避免社會再次發生這樣的悲劇。他很清楚，沒有探究出李曉明犯案的動機，直接判定死刑並無法真正解決問題。如他對被害者家屬劉昭國所說的一段話：

所以你認為殺戮電玩加上家庭教養的問題就是李曉明犯案的原因？殺了李曉明可以解決所有的問題？你們的傷痛就可以撫平？……政府還沒廢死之前，就他犯的罪，死刑沒什麼爭議……我是真的希望輿論能有些影響力，否則政府為了消除民怨或其他政治因素，隨時會處死李曉明！要探究李曉明到底在哪個環節出了問題，真的需要時間，當然這是我一廂情願的想法，對你來說不公平，你可以拒絕我。㉖

上述透過王赦口中可知，司法的判定深受人民的左右，判定死刑是爲了安撫人民。而對於這類型的犯案，社會無法進行深入、複雜的思考來探究發生的根源，只能簡化犯案的原因，特別是容易受到媒體的影響，媒體的報導焦點也往往放在容易炒作的話題上。㉗

一個社會要維持穩定的秩序和發展，理性和道德可以說是至爲關鍵。情感或情緒並不容易被控制，通常有礙於事件往秩序的流程發展，一個講究效率、以最小成本獲取最大利益的社會，是不太

㉖ 本章引用的是劇本的對白，跟實際演出的影劇會有一些差異，但不影響主要內容。劇本對白見呂蒔媛、公共電視：《《我們與惡的距離》創作全見：完整十集劇本&幕後導讀訪談記事》（臺北：麥田出版，二〇一九），頁一二六。

㉗ 如二〇一四年五月二十一日發生的「臺北捷運隨機殺人事件」，犯案者鄭捷就曾一度被媒體渲染成犯案動機跟殺人電玩遊戲有關。

容許情感或情緒受到重視的。而講究理性、秩序的社會，對於李曉明這一類無差別殺人事件是難以想像的，故爲了要「合理化」犯案者的行徑以及判刑的結果（罪有應得），往往會簡單地相信某些犯案原因，以滿足自己的認知。我們可以想像，若李曉明犯案的動機是牽涉到整體社會疏離的氛圍以及生活上遭遇到其他不好的對待時，那麼他的罪刑就可能不會被判死刑，但這樣一來卻難洩人民的心頭之恨。

通往地獄之路，為何常由自命良善的人所鋪成？

道德是人類文明的產物，也是人與人之間團結合作所需要的規範，而社會上所強調的道德規範，是建立在善惡二元對立的框架下。不管是在家庭或學校，我們從小受到的道德教育，也都是強調非黑即白、抑惡揚善、以善克惡。某些宗教觀念如「善有善報，惡有惡報」、「善人上天堂，惡人下地獄」等，也都是善惡分明且根深柢固地存在人們的心裡。一旦我們只能用簡單的善惡觀念來看待事情，就容易用一套固定、僵化的認知模式套用在一個人身上，而忽略掉背後的複雜原因。所謂的「正義魔人」或「正義鄉民」，事實上就是用一套簡單的善惡、對錯、好壞的標準來加諸在他人身上，而且打著「以善爲名」的旗子以各種言語來責備、嘲諷、揶揄當事人。

進言之，當我們不能用更爲複雜、細膩的角度來思考這一類犯案的事件時，加上正義感的義憤填膺、媒體的大肆渲染（如不斷聚焦在受害者家屬的傷痛與憤怒、報導犯案者的家庭背景所出現的瑕疵等），我們就很容易在網路上塑造出犯案者凶殘、冷血、喪失人性、反社會人格的形象，甚至冠以「人渣」之名。

若社會無法正視犯案者背後的動機，而只是一味嚴厲譴責、妖魔化犯案者，認爲他們就罪該萬死、社會不應該浪費資源在他們身上，恐怕並不會眞正減少這類案件的發生，反而可能釀造更多無差別殺人事件的發生。正如劇中的李曉明和現實的鄭捷，他們希望的就是司法單位判自己死刑。

除了犯案者本人還不夠，媒體爲了能夠創造出更多的話題，也會把焦點放在犯案者的家屬。在社會輿論的壓力下，犯案者的家屬往往成爲了被撻伐的對象，包括被責問是如何教育小孩的？是否感到懺悔？要如何賠償受害者家屬等。《與惡》中的李曉文，爲了脫去「加害者家屬」的標籤，被迫改名爲李大芝。而她的雙親不僅變賣了店鋪，爲了躲避媒體的「追殺」，更是從此過著「見不得光」的日子。

善惡的劃分，帶來了穩定的秩序，同時也潛藏著某種暴力。當我們不能察覺到這一點，而「自以爲是」地覺得自己是在伸張正義時，恐怕只是變相地成爲了社會結構、媒體輿論的迫害者而渾然不知。誠如影評人馬欣對《與惡》的一篇影評文章標題所揭示：「通往地獄之路，常由自命良善的人所鋪成」。

由此可見，我們與惡的距離之所以如此地近，恰好來自「抑惡揚善」的思維模式，若不打破這種善惡對立的僵化區分，只會讓暴力不斷發生。天台宗的「修惡」思想，恰好要打破這種善惡截然二分的觀念，其所要對治的問題，正是要顚覆「推崇善、排斥惡」的偏執。

知禮大師的「全體即是性惡法門」

天台宗由智顗（又被稱爲智者大師，五三八－五九七）所創立，後經過湛然（七一一－七八二）、知禮（九六〇－一〇二八）的發展，對於「惡」的洞見不可不謂之深刻。基本上，天台宗對善惡的思考，源自「緣起性空」的觀念。「緣起性空」是佛學的基本義理，其主張一切事物都是無常變化，並沒有不變的「實體自性」，也就是沒有永恆、固定不變的本質，萬物的生成變化都是依因待緣，互相促成的。也唯有看破世間萬物都是「空」的，不執著於特定的價値，才能眞正的自在，而二元價值的分別心，恰好預設了有一種排他性的本質價值，一旦成為追求的目的，反而落入了著相的窠臼。

「緣起性空」的世界觀，揭示出萬物之間的依存關係，彼此構成了一個整體的生命關係網，故「體空」者能夠慈悲為懷，包容一切。而實踐大乘要義的菩薩，更是能夠在世間萬物的變化中看見無限的創造性，即便是惡、欲、貪、嗔、痴。在這個意義下，即使是社會上看來十惡不赦的罪犯，亦具有啟悟眾生成佛的意義。[28]菩薩作為「覺有情」，對世間的慈悲，並不建立在排他性的善惡、好壞、是非的區分基礎，即便是充滿罪汙的他者，也都是一體慈悲關愛、包容，因為不存在「汙垢」之外的「清淨」。誠如美國芝加哥大學學者任博克（**Brook Ziporyn**）的分析：

> 因為真正的慈悲要求一個人不僅捲入苦中，甚至要捲入無法擺脫地關聯於它的迷和罪中。既然必須總要有某些人在某處行惡和受苦，則只是自我趨利避害就不僅是自迷，而且也無用，「美

[28] 任博克著、吳忠偉譯、周建剛校：《善與惡：天台佛教思想中的遍中整體論、交互主體性與價值吊詭》（上海：上海古籍出版社，二〇〇六），頁十九－二十五、頁二一〇－二一三。

好心靈」是一種有害的信仰，它使人們迴避這一事實，即個人無可擺脫地捲入了世界之惡中。處理此不可擺脫之惡與苦的唯一方式是，通過自我捲入於惡與苦之中，接受惡與苦並且補充某些份外之物以便對此惡與苦進行再度脈絡化和轉化。㉙

在修行實踐上，不刻意追求無惡之善，而是正視人性中具有的惡，不以壓抑、排斥的方式去克服所謂的「惡」。相反的，是要「修惡」，如知禮在《十不二門指要鈔》主張對「全體」的肯定，而「全體即是性惡法門」：

以非二物相合及非背面相翻，直須當體全是方名為即。何者？煩惱生死即是修惡，全體即是性惡法門，不須斷除及翻轉也。諸家不明性惡，遂須翻惡為善，斷惡證善。

引文中的「二物」，就是指「菩提／煩惱」、「涅槃／生死」、「善／惡」等二元的區分，對知禮而

㉙ 任博克著、吳忠偉譯、周建剛校：《善與惡：天台佛教思想中的遍中整體論、交互主體性與價值吊詭》，頁二六三。

言，這些「二元」並不是在概念上統合或背面對反的關係，而是一個「全體」的關係，也就是中道觀的「中」，這樣的「全體」要當下肯定。對全體的當下肯定（當體全是），就是對煩惱生死的充分肯定，也就是對「惡」的肯定。修行不須斷除惡，此乃「修惡」或「修性惡法門」。知禮批評某些修行者「不明性惡」，只能走「翻惡爲善，斷惡證善」的道路，殊不知這洽是另一條魔道（偏執）。此外，知禮也說：

> 佛之與魔，相去幾何？……良由本理，具魔、佛性，不二而一，二而不二，隨緣發現，成佛成魔。……故得云魔外無佛，佛外無魔，亦是一魔一切魔，一佛一切佛。

人本具魔性與佛性，而魔性與佛性是「不二而一，二而不二」的關係，唯有了解到這一點，才能眞正帶來無限的創造性。要注意的是，「修惡」並不是眞的要讓自己變成一個「惡人」，更不是要執著於惡，而是要正視自己內心無法斷除的貪欲和偏執，並且深刻體會到「佛」與「魔」是相互融涉（不二）卻並非完全等同（二而）的弔詭關係。簡言之，善與惡是同時成立的，試圖澈底地排除惡，反而催生了眞正的「惡」，「修惡」才能「成佛」。

人性深層的「原魔」

天台佛學的「魔外無佛，佛外無魔」，亦相應於存在主義心理學的「原魔」（Daimonic）概念。美國存在主義心理學之父羅洛・梅（Rollo May）認爲，「原魔」不同於良心，良心大體而言是社會的產物，而「原魔」則是人性中自然原始的力量，它會實際呈現在性與愛欲、怨氣、憤怒以及對權力的貪念裡。原魔不能簡單地用善惡的觀念來框束，它是盲動的原始力量，卻也是創意、靈感的泉源。㉚

羅洛・梅主張，在現代性情感疏離的時代，要營造豐盈的人生，必須能夠尋回原魔的意義，重新尋找到適合自身處境的原魔的新形式。原魔需要被引導、疏通，但不能被壓抑。強行的壓抑、抵抗、反對，只會使得原魔以另一種暴力形式爆發出來。羅洛・梅有一段話至爲深刻：

> 拒絕承認原魔這件事的本身，反倒使原魔出現，且讓我們都成為原魔毀滅性侵占的共謀者。㉛

㉚ 羅洛・梅著、彭仁郁譯：《愛與意志》（新北：立緒文化，二〇一四），頁一七一—一八一。

㉛ 羅洛・梅著、彭仁郁譯：《愛與意志》，頁一八三。

換言之，我們必須擁抱內心深層的原魔，正視、承認它的存在。也唯有如此，才能將原魔的破壞性力量轉化爲創造性力量，也才能避免自己走向魔道。一旦偏執於正義而排斥原魔，偏執善而排斥惡，恰好是成爲魔道、惡的來源。㉜當我們身在螢幕後面成爲「鍵盤戰士」，秉著「正義之名」而努力「奮戰」，對無差別殺人事件的罪犯實施各種言語的制裁時，是否正走向魔道卻以爲自己是正義之士呢？

原魔作爲人性中的黑暗、異質、盲動的力量，可以說是我們內在（意欲排除）的「他者」，而「修惡」的實踐正是讓我們學習如何與原魔相處，並且將之轉化爲創造性的源頭。

文明的發展需要「代罪羔羊」

《與惡》的編劇呂蒔媛在接受採訪時坦言，她對這個作品的創作動力來自「恐懼」，這也是她

㉜ 人性中的善惡，並非本質上相異的東西，而是同一種力量的不同表現。如何把惡的破壞性力量轉化為善的創造性力量，必須深刻了解惡的力量。如同河水的力量，能夠帶給農田灌溉，也可能導致氾濫成災，灌溉和氾濫成災，都不是河水的本質。要能把河水的力量引導為灌溉，也要了解河水是如何形成災害的。

「非做不可」的作品的創作動力。就這一點而言，呂蒔媛是一個正視自己原魔的創作者，當她到各相關領域（律師、法官、精神鑑定醫師、精神科醫生、康復之家、新聞從業人員、犯罪防治、犯罪心理、立法委員、國中老師等）進行田野的資料蒐集以及寫劇本的過程，勢必面對許多傷痛、暴力的煎熬。這或許也呼應了任博克所說的：「處理此不可擺脫之惡與苦的唯一方式是，通過自我捲入於惡與苦之中，接受惡與苦並且補充某些份外之物以便對此惡與苦進行再度脈絡化和轉化。」

然而，當我們無法正視自己內心的恐懼時，卻會以另一種方式來迫害他者，如《與惡》中對精神病患的「汙名化」，第二集出現的「康復之家」，成爲了社區撻伐的對象，周邊住戶更是掛起了「我不敢上學、不敢出門玩耍，誰要負責」的布條。眾人對於精神病患的不了解，造成內心的恐懼，而理性秩序的文明，讓眾人缺乏凝視黑暗、混亂的勇氣，因此大部分也不願意去深入了解精神病患。因爲要深入了解這塊混沌不明、紊亂失序的領域，就會觸碰到內心最爲恐懼的地方：「我是否也會成爲他這樣的精神病患？」、「萬一我家人也成爲了精神病患，該如何與他們相處？」等。

這些問題是無所逃於天地之間的，但要有勇氣面對，必須謙卑、誠懇、耐心、慈柔，過程中亦會非常煎熬。王赦積極地爲李曉明、陳昌爭取法律的權益，並且試圖了解他們犯案的原因，甚至幫助他們的家人，換來的是社會輿論的壓力、被害者家屬的憤怒以及家人的難以諒解。

王赦之所以能夠如此堅定地關懷這些被社會邊緣化、排斥的他者，並不是因爲他是什麼道德聖人。《與惡》給了一個很好的解釋：他三歲的時候被母親丟在育幼院，之後還差點殺了人，他因爲肚子痛而耽誤了與南臺幫派的火拚，他的兩個育幼院哥哥，一個死刑，另一個無期徒刑，只是差了兩分鐘，卻帶來了這麼大的人生差別。也因爲王赦有這樣的經歷，他才能覺察出殺了兩名幼童的陳昌，當時其實是想要殺死小時候的自己，並不是眞的想要殺人犯案。㉝

深層心理學（Depth Psychology）專家諾伊曼（Erich Neumann）認爲，要接受自己的不完美是一項艱鉅的任務。㉞他繼承榮格（Carl Gustav Jung）的思想，認爲人性是由光明和陰影（shadow）構成的，而道德意識往往造成對陰影的壓抑、抑制、排斥，如此則會形成另一種破壞的力量。文明社會的集體生活需要靠道德來維持秩序，但忽略了陰影對人心的原始作用，則會把陰影的消極部分投射到他者身上，即把陰影當作異己的外部來加以鬥爭、懲罰和消滅。於是就會出現「替罪羊」——被汙

㉝ 事實上，鄭捷的辯護律師黃致豪律師小時候與父親的關係疏離，國中被霸凌，成長的歲月伴隨著孤獨、悲傷、憤怒，他甚至坦言：「我曾經有一度，帶刀，放在書包裡面，想要，噴……。」德國哲學家尼采有一句名言：「誰人與怪物搏鬥，小心自己也變成怪物。」而黃致豪律師則認為：「為了對抗怪物，我們必須變成怪物。」

㉞ 諾伊曼著，高憲田、黃水乞譯：《深度心理學與新道德》（北京：東方出版社，一九九八），頁十—三十六。

名化、他者化（othering）的精神病患，難逃被當作替罪羊的宿命。相較於理智、秩序的所謂「正常人」，精神病患往往被視爲失序、沒有理智的「不正常人」。對精神病患的恐懼，其實反映了眾人對於自己內心「陰影」的深層恐懼。

惡的存在意義

知禮所說的「性惡法門」，其實就是要學習接受自己的陰暗面是自己的一部分，學習如何與陰影共處。諾伊曼說：

> 我自己的陰影面是整個人類陰影面的一部分和代表；如果我的陰影是反社會和貪婪的、殘忍的和惡意的、貧窮的和悲慘的——如果他以乞丐、黑人或野獸的形式走近我——那麼，我與他的和解將同時牽連到我與整個人類的黑暗兄弟的和解。這意味著，當我接受他並在他的身上接受我自己的時候，我也在代表他接受人類的那一整個成分。作為我的陰影，這個成分是「我的鄰

居」。㉟

人人兼具佛性與魔性，而「魔外無佛，佛外無魔」，成魔即是成佛。當我願意去面對、正視這些無差別殺人的犯案者、精神病患時，也意味著我能接受自己的陰影，甚至接受這個代表著人類陰影面是構成我的一部分。

那麼，對於「無差別殺人」這樣的「惡行」，我們能夠思索出什麼樣的創造性呢？面對痛失至親的家屬，我們是否還能大言不慚地說什麼惡的意義？輕易地說出惡的創造性或意義，是一種無知，但當我們去深入凝視這片「無差別殺人」的深淵時，可能會覺察出，殺人與愛人，其實是來自同一個源頭。黃致豪律師對於這些被視為冷血的殺人犯，他說：「他的根是深深地在過去的土壤裡長出來，而你要完整評價他，必須完整知道脈絡。」

我們能夠不冷漠、有能力去關愛他人，是因為我們也能夠感受到別人的關愛，再把這份關愛傳遞出去。愛與被愛，是人類深層的渴望，被愛的權利一旦被剝奪了，也就逐漸失去愛人、感受他人

㉟ 諾伊曼著，高憲田、黃水乞譯：《深度心理學與新道德》，頁七十三。

的能力。依據羅洛．梅的分析，當我們長期處於冷漠、疏離的社會時，爲了避免付出卻得不到回應的傷害，我們也會逐漸變得疏離、冷漠（冷漠是爲了不想要再受傷），但與此同時也會助長了暴力。因爲我們是渴望被愛的，冷漠的狀態最終「逼得人要以最直接的方式瘋狂地貼近他人」。許多的強姦、暴力犯罪就是這樣發生，畢竟「對他人施加痛苦和折磨，至少證明了一個人有力量影響別人」㊱。從這個角度來看，這些隨意殺人的犯案者，其內心深處是否也存在著人性中渴望被愛與愛人的能力？有心理師甚至指出：「有沒有可能，在『誰都可以，就是想殺人』的背後，他們渴望的其實是『誰都可以，拜託你懂我，拜託你來愛我』？」

凝視黑暗、正視內心的怪物

思索善惡同源的問題，是煎熬、痛苦、焦慮、不安的，因爲它迫使我們去面對內心的深層恐懼，超出了日常生活與教育帶給我們的認知。但這也是天台佛學主張「修惡」的意義，若是能輕易學習、

㊱ 羅洛．梅著、彭仁郁譯：《愛與意志》，頁二十六。

體悟，也就不用「修」了。知禮所開啟的「性惡法門」，既是每個人無所逃的生命功課，也是人類文明必須勇於去承擔與面對的課題。

《與惡》最後安排李曉明家屬與被害者家屬的會談，過程很痛苦、煎熬，卻非常非常的重要。在這個過程，雙方都必須重溫夢魘，重新凝視內心深層、難以迴避的傷痛、哀傷、悲苦，這些悲慟是雙方家屬一輩子的陰影。我們的社會，應該正視這樣的會談，這非常考驗我們的勇氣，但未嘗不是一種修習性惡的法門。最後，我想以劇中王赦對受害者家屬劉昭國、宋喬安所說的一段話作爲本章的結束：

> 這個會談並不是原不原諒、寬不寬恕的問題，被害者家屬有原諒的權利，但是沒有原諒的義務。這次的會談，反而是希望讓你們有個抒發、表達心聲的機會……讓他們了解你們經歷的傷痛，也讓李曉明的父母對未來有可努力的方向……這是他們想誠摯表達的。㊲

㊲ 呂蒔媛、公共電視：《《我們與惡的距離》創作全見：完整十集劇本&幕後導讀訪談記事》，頁四〇四。

後記

人類社會發展至今，可謂面臨重大的挑戰，政治對立、文化衝突、假新聞、貧富差距、種族歧視、動物生存、醫療、移民、精神病患、隨機殺人等事件，無一不衝擊著我們的社會。哲學的深層思辨與對話，應該能幫助我們去思考這些議題。

本書探討上述議題，各篇曾在「哲學新媒體」、「獨立評論@天下」、「風傳媒」等網路媒體與公共論壇發表過，並有所修改、增補。各章原本的出處，茲說明如下：

一、〈眞相已無關緊要？——對「後眞相」的哲學反思〉，曾發表在「哲學新媒體」，日期：二〇二〇年三月十八日。

二、〈《莊子》與網路生活——面對網路的嗆聲文化，該如何自處？〉，曾以〈面對網路的嗆聲文化，該如何自處？〉爲題，發表在「新公民議會」，日期：二〇二一年七月七日。

三、〈學文言文有用嗎？——從文化的視角反思〉，曾以〈學文言文有用嗎？〉爲題，發表在「獨立評論@天下」，日期：二〇一七年九月三日。

四、〈「五四」對我們這一代人有什麼特殊意義？——談《學衡》與新文化運動留給臺灣的文化省思〉，曾發表在「獨立評論@天下」，日期：二〇一八年五月四日。

五、〈在死生遭逢的醫病現場，哲學可以帶來怎樣的思考？——談醫學倫理〉，曾以〈在生死一懸的醫病現場，哲學可以帶來怎樣的思考？淺談醫療倫理〉爲題，發表在「哲學新媒體」，日期：二〇一八年八月十日。

六、〈道德如何分裂了我們的社會？——好人總是自以爲是〉，曾以〈吼！不然你是在大聲什麼啦——道德如何分裂了我們的社會？〉爲題，發表在「哲學新媒體」，日期：二〇一八年七月十日。

七、〈從人類的屠殺到動物的屠殺——省思現代性文明的「大屠殺」〉，曾以〈從人類的屠殺到動物的屠殺：省思現代性文明的「大屠殺」〉爲題，發表在「新公民議會」，日期：二〇二一年五月十九日。

八、〈如何面對二十一世紀全球貧富差距的問題？——《二十一世紀資本論》帶來的啟發〉，曾以〈如何面對二十一世紀全球貧富差距的問題？〉爲題，發表在「風傳媒」，日期：二〇一九年二月六日。

九、〈兩極化的社會對立——省思美國大學校園的政治衝突與暴力抗議〉，曾以〈從《爲什麼我們製造出玻璃心世代？》省思美國大學校園的政治衝突與暴力抗議〉爲題，發表在「獨立評論@天下」，日期：二〇二一年九月十七日。

十、〈面對價值衝突，有可能化解嗎？——談審議民主〉，曾以〈何謂審議式民主？〉爲題，發表在「哲學新媒體」，日期：二〇二〇年十二月七日。

十一、〈在臺灣的民主社會裡，「公民儒學」可以提供怎樣的哲學思考？——多元、衝突與故事地位〉，曾以〈在臺灣的民主社會裡，「公民儒學」可以提供怎樣的哲學思考？〉爲題，發表在「哲學新媒體」，日期：二〇一八年六月八日。

十二、〈暴力如何發生在他者身上？——《莊子》的批判與反思〉，曾發表在「哲學新媒體」，日期：二〇一九年五月二十七日。

十三、〈人類的存在狀態如何被扭曲？——談霍耐特對「物化」他者的批判〉，曾發表在「哲學新媒體」，日期：二〇一九年二月五日。

十四、〈德希達的「解構哲學」會如何關懷全球難民、移民問題？——談解構式的正義〉，曾以〈德希達的「解構哲學」會如何關懷全球難民、移民問題？〉爲題，發表在「獨立評論@天下」，日期：二〇二一年四月一日。

十五、〈殺人犯與聖人只有一線之隔？——《我們與惡的距離》所引發的哲學與心理學之思考〉，曾以〈殺人犯與聖人只有一線之隔？《我們與惡的距離》所引發的哲學與心理學之思考〉爲題，發表在「哲學新媒體」，日期：二〇一九年九月十二日。

本書雖然涉及不同的主題，跨涉歷史、文化、社會、媒體、倫理、政治，但都有一個共同的主軸，就是強調打開心胸、理解多元觀點，透過不同的聲音去省思自我。批評別人總是比較容易，要反省自我卻相當困難，特別是要跳脫自我中心的框架來反省自我，更是難上加難。打開心胸，聆聽多元觀點是重要的，但更重要的是勇於去面向他者，這個「他者」包括政治立場相異的對方、躺在病床上的病患、來自異文化的移民工、被邊緣化的弱勢者、受到汙名化的隨機殺人犯、精神病患以及面臨生存威脅的動物等。

哲學的重要性，除了可以培養批判思考能力，更重要的是傾聽他者的能力，這樣的學習與實踐，可稱之爲**哲學工夫**。哲學工夫是一種面對事物、他人的態度與能力，需要長期的練習與實踐，通常不容易做到，因爲每個人的認知都存在極大的差異，遇到跟我相異的觀點，當下反應大多是在思考如何反駁對方的想法，而不是往如何聆聽對方觀點的方向來努力。很多時候，若我們可以傾聽到不同的觀點，即使最後無法達到共識，依然有助於緩和彼此的衝突。保有一定的差異性、不強求順從一致，對社會的多元發展與創新其實是好事，而且在相互傾聽與理解的過程，也可以將對方的優點納爲己用，如此則能進一步完善化自己的思路，若認爲對方的想法沒有絲毫優點，那很可能就落入了「好人總是自以爲是」的執見。

最後，不妨以德國哲學家高達美（Hans-Georg Gadamer）的一句話作爲本書的結尾：

當我們聲稱我們已經知道了，用以攔截某人想對我們說的話時，那就沒了理解。

1B32

哇！原來哲學眞的「無用」！
——當哲學成爲社會政治的實踐學問

作　　者——陳康寧
發 行 人——楊榮川
總 經 理——楊士清
總 編 輯——楊秀麗
主　　編——蔡宗沂
特約編輯——張月嘉
封面設計——封怡彤
出 版 者——五南圖書出版股份有限公司
地　　址——106臺北市大安區和平東路二段339號4樓
電　　話——02-27055066（代表號）
傳　　眞——02-27066100
劃撥帳號——01068953
戶　　名——五南圖書出版股份有限公司
網　　址——https://www.wunan.com.tw
電子郵件——wunan@wunan.com.tw
法律顧問——林勝安律師
出版日期——2024年7月初版一刷
定　　價——320元

國家圖書館出版品預行編目資料

哇！原來哲學真的「無用」！: 當哲學成為社會政治的實踐學問 / 陳康寧著. -- 初版. -- 臺北市：五南圖書出版股份有限公司, 2024.07
面；　公分
ISBN 978-626-393-310-1(平裝)

1.CST: 哲學

100　　113005767